Helga Föger

Der Mond
Das Jahrbuch 2021

HEYNE

Inhalt

Im Jahrbuch verwendete Symbole

günstig		ungünstig
	Harmonische/gereizte Stimmung	
	Geldangelegenheiten	
	Haare schneiden	
	Fußreflexzonenmassage	
	Fasttag einlegen	
	Großer Hausputz	
	Wäsche waschen	
	Pflanzen gießen	
	Pflanzen düngen	
	Pflanzen umtopfen	

Die Mondphasen mit Zeitangaben für Neu-, Voll- und Halbmond

Neumond	zunehmender Mond	Vollmond	abnehmender Mond

Die Tierkreiszeichen mit Zeitangaben der Transite

Widder	Stier	Zwillinge	Krebs	Löwe	Jungfrau
Waage	Skorpion	Schütze	Steinbock	Wassermann	Fische

Impressum

Die Autorin

Die in Tirol aufgewachsene Helga Föger lebt zurückgezogen in der ländlichen Idylle des österreichischen Waldviertels. Seit vielen Jahren beschäftigt sie sich intensiv mit Mystik, Astrologie und alten, vergessenen Denkformen und Kulturen. Die so erworbenen Kenntnisse setzt sie in ihrem alltäglichen, im Einklang mit den Rhythmen der Natur geführten Leben auch praktisch um.

2. Auflage 2020

Originalausgabe 2020

Hinweis
Das vorliegende Taschenbuch ist sorgfältig erarbeitet worden.- Dennoch erfolgen alle Angaben ohne Gewähr.
Weder die Autorin noch der Verlag können für eventuelle Nach teile oder Schäden, die aus den im Taschenbuch gegebenen praktischen Hinweisen resultieren, eine Haftung übernehmen.

Redaktion: Christoph Taschner
Umschlaggestaltung: Guter Punkt GmbH & Co. KG
Satz: by avak, Iphofen
Druck und Bindung: Těšínská Tiskárna, a. s., Český Těšín

Printed in the Czech Republic

MIX
Papier aus verantwortungsvollen Quellen
FSC® C005833
www.fsc.org

ISBN: 978-3-453-60538-1

Verlagsgruppe Random House FSC® N001967

Liebe Leserinnen und Leser!

2021 werden wir in wesentlichen Belangen ein regelrechtes Kontrastprogramm zu 2020 erleben. Sorgte letztes Jahr (und sorgt noch bis in den März hinein) der Mond oftmals für eine Überbetonung von Emotion und Phantasie, so fördert Saturn heuer vor allem ein realitätsbewusstes, abwägendes Verhalten. Unser Handeln wird daher immer eher darauf abzielen, Bestehendes zu erhalten und zu verbessern, Gutes abzusichern sowie alles zu ordnen und in der Realität zu verankern. Neues wagen, Experimente eingehen oder sogar Risiken akzeptieren fällt uns da bedeutend schwerer.

Auch diese »Medaille« hat natürlich zwei Seiten: Ein meist positives, weil sachliches, diszipliniertes, verantwortungsvolles Denken und Agieren wechselt oft mit übertriebener Strenge, Sorge sowie Engherzigkeit ab. Und das führt nicht selten zu Frustrationen und Konflikten. Denn wenn man Veränderungen ablehnt oder Menschen ausschließt, um einen vertrauten Status quo zu schützen, nimmt man den anderen wie sich selbst letztlich wichtige Entfaltungsmöglichkeiten.

Die Kunst, ja Lebenskunst wird also sein, uns selbst als analytische Begleiter zu beobachten: Bin ich nur vorsichtig oder schon ängstlich? Bin ich sparsam oder geizig? Bin ich noch genau oder bereits kleinlich? Alle selbstkritischen Fragen dieser Art lassen uns die Balance wahren und zu einem friedlichen, hoffentlich glücklichen Miteinander beitragen.

Das wünscht Ihnen
Ihre Helga Föger

Die vier Phasen des Mondes

Phasen und Qualitäten des Mondes

Insgesamt sind es sieben Grundimpulse, über die sich die Wirkung des Mondes auf das irdische Leben mitteilt:

- Die vier verschiedenen Mondphasen
- Der Stand des Mondes in den verschiedenen Tierkreiszeichen
- Der aufsteigende und absteigende Mond.

Der Neumond

Wenn die der Erde zugewandte Seite des Mondes fast völlig verdunkelt ist, spricht man vom Neumond. Der Erdbegleiter steht dann für zwei bis drei Tage ziemlich genau zwischen Erde und Sonne. Man nennt diese Konstellation auch Konjunktion. Dabei tritt der Fall ein, dass der Mond während dieser Phase in demselben Tierkreiszeichen steht wie die Sonne.
Bei Neumond wirken kräftige Impulse auf Mensch und Natur. Man kann sie als Kräfte der Neuorientierung, des Beginnens bezeichnen. Die konzentrierten Energien sind frisch und ursprünglich, regen dazu an, Vorhaben zu planen, die in der Folge wachsen und reifen sollen.

Natur In der Natur kündigen die Impulse des Neumondes Beginnendes an. Die Erde fängt an auszuatmen, die Säfte regen sich. Wer jetzt kranke Bäume oder Pflanzen zurückschneidet, kann erleben, wie sie sich zusehends erholen und regenerieren.

Körper Für den menschlichen und tierischen Organismus verstärken die Neumondimpulse die Fähigkeit zur Entgiftung und Entschlackung. Zu keiner anderen Zeit ist die Wirksamkeit einer Fastenpause so hoch. Günstig ist die Neumondphase auch, um damit zu beginnen, ungesunde Gewohnheiten aufzugeben, wie etwa das Rauchen oder übermäßigen Alkoholkonsum.

Auf chirurgische Eingriffe sollte man nach Möglichkeit während der kurzen Phase des Neumondes verzichten.

Der zunehmende Mond

Sobald nach dem Neumond die schmale, nach links geöffnete Mondsichel zu erkennen ist, beginnt die Phase des zunehmenden Mondes. Von den Astronomen wird sie in zwei Abschnitte eingeteilt – in das erste und zweite Viertel.

Während des ersten Viertels nähert sich der Mond der Erde, bis er ihr nach wenig mehr als sieben Tagen als Halbmond am nächsten ist.

Dann kreuzt er die Umlaufbahn der Erde um die Sonne und entfernt sich wieder von uns, um, immer weiter an Leuchtkraft zunehmend, nach etwa 14 Tagen das zweite Viertel zu vollenden und schließlich das Vollmondstadium zu erreichen.

In der Phase des zunehmenden Mondes steht alles im Zeichen der Aufnahme und des Wachsens. Die Energien werden aufgenommen und gespeichert.

Natur In der Natur dominiert das oberirdische Wachstum, die Säfte steigen nach oben. Jetzt ist die günstigste Zeit für die Aussaat und das Pflanzen von allem, was nach oben wächst und Früchte trägt, also für Blattgemüse, Obst und Blumen.

Körper Der Körper kann in der Zeit des zunehmenden Mondes alles, was ihm an Kräftigendem, Aufbauendem, Heilendem zugeführt wird, besonders gut aufnehmen, speichern und verwerten. Seine Selbstheilungskraft ist ebenfalls sehr groß. Diese Phase ist also gut geeignet, um sich zu kräftigen und zu erholen sowie für alle Kurmaßnahmen.

Gespeichert werden allerdings auch die Nährstoffe, daher sollte jeder, der auf sein Gewicht achten muss, in dieser Zeit etwas zurückhaltender mit dem Essen sein.

Bedenken sollte man auch, dass mit fortschreitender Zunahme des Mondes sich der Heilungsprozess von Verletzungen verzögert; deshalb ist es angebracht, auf chirurgische Eingriffe zu verzichten, wenn das möglich ist. Vor allem in der Nähe des Vollmonds!

Die vier Phasen des Mondes

Der Vollmond

Wenn der Mond die Hälfte seines Erdumlaufs zurückgelegt hat, steht er der Sonne direkt gegenüber, in Opposition zu ihr. Seine sichtbare Oberfläche ist voll beleuchtet, er steht für ein bis zwei Tage als kreisrunde, leuchtende Scheibe am nächtlichen Himmel.
Zu keiner anderen Zeit sind die Impulse des Mondes so deutlich zu spüren wie in der Vollmondphase. Es ist die Zeit starker Gefühle, positiver wie negativer. In den wenigen Stunden des Vollmonds werden nicht nur besonders hohe Geburtenzahlen, sondern auch überdurchschnittlich viele Unfälle und Gewaltverbrechen registriert.

Natur In der Natur bewirken die kräftigen Impulse des Vollmonds, die den Richtungswechsel von Aufnahme zu Abgabe ankündigen, eine ganz besondere Stimmung.
Einerseits erreicht die Natur jetzt den absoluten Höhepunkt ihrer Aufnahmefähigkeit, weshalb der Zeitpunkt für eine Pflanzendüngung geradezu ideal ist. Andererseits kann es beispielsweise leicht geschehen, dass Gehölze absterben, wenn auch nur wenige Zweige abgebrochen oder vielleicht weggeschnitten werden. Für das Sammeln vieler Heilkräuter (vor allem von Wurzeln) ist jetzt die günstigste Zeit, da ihre Heilkraft nämlich besonders groß ist.

Körper Da der Körper nun gestärkt ist und zur Abgabe »umschaltet«, fällt auch in dieser Phase eine Fastenpause leicht und ist zudem sehr effektiv. Der Organismus reagiert auf die starken Vollmondenergien häufig mit Unruhe und Nervosität. Sensible Menschen haben Schlafstörungen, andere berichten von besonders eindrucksvollen Träumen und Visionen während dieser Phase.

Weil Wunden stärker und länger bluten als zu anderen Zeiten, Verletzungen langsamer und schlechter heilen, ist es ratsam, bei Vollmond auf chirurgische Eingriffe zu verzichten, falls dies irgendwie möglich ist.

Der abnehmende Mond

Der Mond setzt seinen Erdumlauf fort und vollendet ihn. Er nähert sich jetzt wieder der Erde, wobei die Größe der von der Sonne beleuchteten Oberfläche von rechts nach links fortschreitend geringer wird. Wenn er etwa 22 Tage nach Neumond die Sonnenumlaufbahn der Erde erneut kreuzt, ist er nur mehr halb zu sehen. Nun beginnt das letzte Viertel, die nach rechts geöffnete Sichel wird von Tag zu Tag schmaler, bis die Neumondphase erreicht ist. Dann beginnt alles wieder von Neuem.
Die Impulse des abnehmenden Mondes sind auf Abgabe gerichtet – auf das Freisetzen von Kräften und Energien. Dieser balsamische oder aussäende Mond befreit von Zweifeln sowie Ängsten und bündelt die positiven Gefühle für den nun bald beginnenden neuen Zyklus.

Natur In der Natur fließen die Säfte abwärts, die Energien gehen zu den Wurzeln. Die Erde ist aufnahmebereit, das Wachstum unter der Oberfläche ist begünstigt. Jetzt ist es Zeit, das zu pflanzen oder zu säen, was vorwiegend in die Erde hineinwächst, z.B. Wurzelgemüse und -kräuter. Nährstoffe und Feuchtigkeit werden vom Boden während dieser Phase besonders gut aufgenommen, deshalb sind Düngung und Bewässerung der Pflanzen jetzt besonders wirkungsvoll und noch dazu weniger umweltbelastend.

Körper Der Organismus ist während dieser Zeit in seiner durchaus besten Form. Körperliche wie auch geistige Höchstleistungen gelingen viel müheloser als während der anderen Mondphasen. Ausspülen und Ausschwitzen ist die Devise bei abnehmendem Mond, deshalb wird auch alles, was mit Entgiftung und Entschlackung zu tun hat, gute Erfolge nach sich ziehen. Zudem ist jedem, der ein paar Pfunde verlieren möchte, diese Phase zu empfehlen: Das Abnehmen fällt jetzt viel leichter und ist effektiver!

Operationen gelingen zu dieser Zeit besser, und Wunden heilen viel schneller.

Der Mondstand im Tierkreis

Die Mondwanderung durch den Tierkreis

Bei seinem etwa 27-tägigen Umlauf um die Erde wandert der Mond durch die zwölf Sternbilder des astrologischen Tierkreises. In jedem von ihnen hält er sich für etwa zwei bis drei Tage auf. Durch die Kombination der Mondimpulse, deren Wirkung durch die verschiedenen Mondphasen bestimmt wird, mit den astrologischen Einflüssen, die von den Sternbildern ausgehen, entstehen ganz besondere Kräfte: Diese sind sowohl im körperlichen Bereich bei Mensch und Tier als auch für Garten, Haushalt u. a. Bereiche des täglichen Lebens von großer Wirkung.

Die vier Trigonen

Die 12 Tierkreiszeichen werden in vier Gruppen eingeteilt; jede Gruppe ist einem Urelement zugeordnet, über welches die Sternzeichen astrologisch wirken.

- **Widder, Löwe, Schütze: Feuer**
  An den Feuertagen ist Eiweiß meist gut verträglich,
  die Witterung vergleichsweise mild
  und der Wuchs von Fruchtpflanzen begünstigt.

- **Stier, Jungfrau, Steinbock: Erde**
  An den Erdtagen ist Salz meist gut verträglich,
  das Wetter vergleichsweise kühl
  und der Wuchs von Wurzelpflanzen beeinflusst.

- **Krebs, Skorpion, Fische: Wasser**
  An den Wassertagen sind Kohlenhydrate meist gut
  verträglich, ist die Witterung vergleichsweise feucht
  und der Wuchs von Blattpflanzen gefördert.

- **Zwillinge, Waage, Wassermann: Luft**
  An den Lufttagen ist Fett meist gut verträglich,
  die Lichteinstrahlung vergleichsweise intensiv
  und der Wuchs von Blütenpflanzen begünstigt.

Der Einfluss des Mondstands auf Körper und Psyche

Neben den über die Naturelemente wirkenden Impulsen gehen von jedem Tierkreiszeichen noch andere Einflüsse aus, die unsere körperliche und psychische Verfassung mitbestimmen können. Jedem Zeichen werden ganz bestimmte Bereiche und Funktionen des menschlichen Organismus zugeordnet. Der Mond durchwandert somit in jedem Monat den ganzen Körper.

Mond im Widder

Dem Tierkreiszeichen Widder werden der Kopf, das Gehirn, die Augen und die Nase zugeordnet. Ebenso beeinflusst Widder die Sinnesorgane.

Wer häufiger unter Migräne leidet, wird dies nun besonders deutlich spüren. Schonung ist angesagt – und Vorsicht vor allem, was einen Migräneschub bewirken könnte, wie beispielsweise Genussmittel aller Art.

Operationen im Kopf- und Gesichtsbereich sollten an allen Widdertagen – auch bei abnehmendem Mond – nach Möglichkeit vermieden werden.

Die Menschen haben bei diesem Mondstand ein erhöhtes Kontaktbedürfnis und zunächst viel Energie, es zu befriedigen. Der Enthusiasmus ist jedoch eher kurzlebig.

Mond im Stier

Das Sternzeichen Stier bestimmt den Hals, den Kehlkopf, die Schilddrüse, die Mandeln, die Zähne, den Kiefer, den Nacken und die Ohren. Als Organsystem wird der Blutkreislauf beeinflusst.

Besonders an kühlen und feuchten Stiertagen sollte man sich vor Hals- und Ohrenentzündungen schützen. Also besser nicht Schal und Kopfbedeckung vergessen!

Mandeloperationen und kieferchirurgische Eingriffe – auch Zähneziehen – sollten jetzt, wenn es irgendwie geht, möglichst nicht durchgeführt werden.

An Stiertagen getroffene Entscheidungen sind nur schwer wieder rückgängig zu machen – also gut überlegen!

Der Mondstand im Tierkreis

Mond in den Zwillingen

Vom Tierkreiszeichen Zwillinge werden vor allem die Schultern, die Arme und Hände sowie die Bronchien regiert. Als Organsystem werden noch alle inneren Drüsen beeinflusst.

An Zwillingetagen ist vor allem für Rheumatiker Vorsicht geboten. Das übrigens nicht nur, weil die entsprechenden Körperregionen beeinflusst werden, sondern auch, weil das Wetter an diesen Tagen leicht umschlägt. Da heißt es: Sich warm anziehen und zur Heilsalbe greifen, die zu diesen Zeiten besonders gut wirkt! Auch eine Bestrahlungsbehandlung ist an Zwillingetagen günstig.

Wer seinem Schultergürtel etwas Gutes tun will, ist mit entsprechenden gymnastischen Übungen gut beraten.

Bei diesem Mondstand findet meistens ein unverbindlicher Austausch von Gedanken und Ideen statt. Bahnbrechendes Handeln ist jetzt nicht angesagt, aber es besteht durchaus oft die Lust auf einen Verwandtschaftsbesuch.

Mond im Krebs

Das Krebszeichen bestimmt die Brust, die Lunge sowie Magen, Leber und Galle. Auch das Nervensystem wird von ihm beeinflusst.

Wer einen schwachen Magen hat, bekommt dies an Krebstagen unter Umständen zu spüren. Auch die anderen inneren Organe sind besonders empfindsam. Es ist also besser, sich an diesen Tagen mit Bedacht zu ernähren. Wenn Sie schwere Speisen meiden und auch bei Alkohol und Kaffee maßvoll bleiben, ist manches Risiko geringer.

Wenn Sie Leber und Galle entgiften wollen, z.B. durch eine besondere Diät, wählen Sie am besten die Zeit zwischen Juli und dem darauf folgenden Januar, weil dann der abnehmende Mond im Tierkreiszeichen Krebs steht.

Empfindsamkeit, eventuell sogar auch Überempfindlichkeit zeichnen Krebstage besonders aus. Menschen, die sich sehr leicht beeinflussen lassen, sollten vor allem jetzt auf der Hut sein.

Mond im Löwen

Das Sternzeichen Löwe wirkt auf Rücken, Blutkreislauf, Herz, Zwerchfell und Schlagadern. Es beeinflusst zudem die Sinnesorgane.

Menschen, die Probleme mit Herz oder Kreislauf haben, sollten sich an Löwetagen vor größeren körperlichen und seelischen Belastungen hüten. Dazu gehören auch strapaziöse Reisen und aufregende berufliche Vorhaben.

Spaß, Lebensfreude sowie Selbstdarstellung heißen die Mottos. Andererseits weckt Löwe auch Beschützerinstinkte. Passen Sie auf, dass sich diese nicht womöglich zu Besitzansprüchen entwickeln!

Mond in der Jungfrau

Das Tierkreiszeichen Jungfrau bestimmt die Verdauungsorgane, den Stoffwechsel, die Nerven, die Milz und die Bauchspeicheldrüse. Als Organsystem wird der Blutkreislauf beeinflusst.

Viele Menschen haben Verdauungsprobleme, die an Jungfrautagen deutlicher zutage treten als sonst. Leichte, fettarme Gerichte sollten daher jetzt auf dem Speiseplan stehen.

Einerseits besteht großes Kontaktbedürfnis, andererseits aber auch die Tendenz zur Enthaltsamkeit. Solche Tage sind auch gut für die Erledigung von Routinetätigkeiten.

Mond in der Waage

Die Wirkung der Waage zielt gleichermaßen auf die Hüftregion wie auf die Nieren und die Blase.

Wer unangenehme und oft sehr schmerzliche Schwierigkeiten mit Nieren und Blase vermeiden möchte, sollte sich vor allem an Waagetagen vor Unterkühlung schützen. Wer vorbeugen will, muss reichlich trinken, um Nieren und Blase gut durchzuspülen. Vor allem nachmittags zwischen 15 und 17 Uhr wirkt das sehr günstig.

Romanzen, Freundschaft, Partnerschaft werden besonders großgeschrieben. Doch Vorsicht vor emotionalen Konflikten, denn es besteht die Gefahr der Eifersucht!

Der Mondstand im Tierkreis

Mond im Skorpion

Das Skorpionzeichen regiert die inneren und äußeren Sexualorgane sowie die ableitenden Harnwege, außerdem das Nervensystem.
An Skorpiontagen sollte man kalte Füße vermeiden, wenn man sich vor Blasen- oder Nierenentzündungen schützen will. Gegen Unterleibserkrankungen, die sogenannten Frauenleiden, helfen jetzt Sitzbäder mit Schafgarbenextrakt, die auch vorbeugend und durchblutungsfördernd wirken.
Schwangere sollten jetzt besonders vorsichtig sein; es besteht nämlich eine Tendenz zu Fehlgeburten, besonders wenn der Mond im Zunehmen begriffen ist.
Noch ein Tipp für Rheumatiker: Lüften Sie an Skorpiontagen und auch an anderen Wassertagen Ihre Bettwäsche nicht im Freien aus, sie zieht da allzu viel Feuchtigkeit an.
Man neigt jetzt zu Kritik und Misstrauen. Auch Empfindlichkeit und Verletzbarkeit sind erhöht. Für alles Spirituelle, aber auch Übersinnliches hat man nun viel Gespür.

Mond im Schützen

Der Schütze beeinflusst besonders die Oberschenkel und Venen sowie die Sinnesorgane.
An Schützetagen, die übrigens auch zu plötzlichen Wetterumschwüngen neigen, meldet sich immer mal wieder der Ischiasnerv besonders schmerzhaft. Wer das schon einmal erlebt hat, wird zu diesen Zeiten gerne auf besondere körperliche Anstrengungen verzichten wollen.
Auch ein Muskelkater tritt jetzt häufiger und intensiver auf, besonders wenn den Beinen zu viel zugemutet wurde. Alle, die ziemlich untrainiert sind, sollten deshalb längere Wanderungen oder womöglich anstrengende Bergtouren in eine dafür günstigere Zeit legen. Gut tun dagegen lockernde Massagen für das Kreuz und die Beinmuskulatur, für die man sich an Schützetagen viel Zeit nehmen sollte.
Unruhe, Sehnsucht nach dem Fremden und Unbekannten sowie eine übergroße Reiselust sind jetzt erfahrungsgemäß die stärksten Impulse.

Mond im Steinbock

Das Sternzeichen Steinbock hat besonderen Einfluss auf das Skelett, die Gelenke (vor allem die Knie) sowie auf die Haut und den Blutkreislauf.

Ähnlich wie bei Schütze sollte alles, was Knochen und Gelenke stark belastet, an Steinbocktagen eingeschränkt oder vermieden werden. Heilende Umschläge und Massagen beugen vor oder helfen. Auch jede Hautpflege ist jetzt angesagt; sie zeigt eine besonders tiefgehende und wohltuende Wirkung.

Tradition, Autorität, Regeln, Disziplin und Berufliches sind nun wichtig. Man tendiert aber auch zu Pessimismus, Frustration und der Neigung, sich ins Privateste zurückzuziehen.

Mond im Wassermann

Der Wassermannmond wirkt sich vor allem auf die Unterschenkel, die Venen, die Knöchel sowie auf das Drüsensystem aus.

Venenbeschwerden treten an Wassermanntagen sehr häufig auf. Wer die Möglichkeit hat, sollte die Beine ruhig einmal hochlegen. Allen, die unter Krampfadern leiden, ist zu raten, jetzt auf langes Stehen und Gehen möglichst zu verzichten. Wechselwarme Fußbäder, kalte Unterschenkelgüsse und das Auftragen von Venensalben sind nun am wirksamsten.

Soziales Engagement, Rationalität und Zukunftsplanung haben jetzt Vorrang. Zu viel Idealismus wird oft enttäuscht!

Mond in den Fischen

Das Fischezeichen regiert Füße, Zehen sowie das Nervensystem.

Die oft geplagten Füße tragen den gesamten Körper – mit einem wohltuenden Fußbad kann man da jetzt besonders viel lindern und wiedergutmachen. Ein echtes Kuriosum ist die Erfahrung, dass an Fischetagen alle Genussmittel, ob Alkohol, Tabak oder Kaffee, viel stärker wirken als sonst!

Die Menschen ziehen sich nun eher zurück, suchen den Kontakt zum Partner oder zur Familie. Solche Tage sind auch gut für die Beschäftigung mit Spirituellem.

Der auf- und absteigende Mond

Siderischer Umlauf des Mondes

Es gibt noch zwei weitere Mondqualitäten, die ganz besonders für die Pflanzenwelt von Bedeutung sind, aber ebenso Beachtung finden können, um einen nicht ganz idealen Zeitpunkt für eine Gesundheitsmaßnahme zu optimieren oder auch bei Haushaltsaktivitäten letztlich bessere Ergebnisse zu erreichen.

Diese Mondqualitäten, die allerdings nichts mit den bereits beschriebenen Mondphasen zu tun haben, ergeben sich aus dem siderischen (auf die Sterne bezogenen) Umlauf des Mondes, wobei der Erdtrabant die zwölf bekannten Tierkreiszeichen durchläuft.

Der aufsteigende Mond

Aufsteigend durchquert der Mond dabei alle Tierkreiszeichen zwischen der Winter- und der Sommersonnenwende, also von Schütze über Steinbock, Wassermann, Fische, Widder bis Stier bzw. Zwillinge, wo er schließlich seinen Wendepunkt erreicht.
Der Zeitraum des aufsteigenden Mondes kann als Phase des Ausatmens der Erde betrachtet werden. Wachstum, Reifung und Ernte (daher auch Erntemond genannt) sind nun bestimmend.

Die Entwicklung über der Erdoberfläche ist der bei zunehmendem Mond ähnlich.

Der absteigende Mond

Absteigend durchwandert der Mond alle Tierkreiszeichen der Monate Juni bis Dezember, also Zwillinge, Krebs, Löwe, Jungfrau, Waage sowie schließlich Skorpion bzw. Schütze (Wendepunkt).
Der Zeitraum des absteigenden Mondes kann als Phase des Einatmens der Erde gesehen werden. Vor allem Pflanzarbeiten (daher auch Pflanzmond genannt) sind nun ganz besonders begünstigt.

Die Entwicklung unter der Erdoberfläche ist der bei abnehmendem Mond ähnlich.

Die Erklärung der Symbole

Die Symbole im Kalendarium verweisen auf günstige (weißes Piktogramm auf blauem Grund) bzw. eher ungünstige Tage (weißes Piktogramm auf schwarzem Grund).

Harmonische bzw. gereizte Stimmung

An Stier-, Waage- und Fischetagen sieht man in aller Regel die sonnigen Seiten des Lebens. Jetzt kann man sich auch sehr gut in andere hineinfühlen und ist, falls nötig, schneller zu Kompromissen bereit. Wenn der Mond in Widder, Skorpion oder Jungfrau steht, herrscht meist eine unterschwellige Gereiztheit und leichte Tendenz zur Aggression.

Geldangelegenheiten entscheiden, regeln

Alles, was mit Geld zu tun hat, ob Anlagen, Kaufverträge, Kredite o.Ä., entscheidet oder regelt man am besten bei zunehmendem Mond in Stier, Jungfrau und Steinbock. Bei Vollmond (egal, in welchem Zeichen) ist immer davon abzuraten, weil nun aufgrund von schwächerer Konzentration schneller Fehler passieren können.

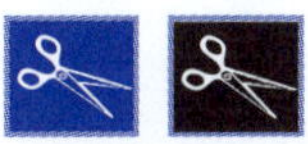

Haare schneiden

Löwetage sind die optimalen Termine für den Haarschnitt: Bei abnehmendem Mond vorgenommen wird sich die Haarstruktur deutlich verbessern. Bei zunehmendem Mond geschnittene Haare wachsen schneller nach. An Krebs- oder Fischetagen entstandene Frisuren haben meistens keinen guten Halt.

Fußreflexzonenmassage

An allen Fischetagen entfaltet dieses Naturheilverfahren seine volle Wirkung. Bei zunehmendem Mond wirkt die Massage regenerierend, bei abnehmendem besonders entspannend. An den Löwetagen ist davon besser abzusehen.

Die Erklärung der Symbole

Fasttag einlegen

Ein Fasttag an Neumond ist die Krönung der Entschlackung bei abnehmendem Mond. Und auch bei Vollmond, wenn aufgrund der starken Impulse die Neigung zu nervösem Magen besteht, entlastet ein Fasttag den Organismus sehr.
Wer an diesen Tagen nichts isst, sollte viel Saft, Mineralwasser oder Kräutertee trinken!

Großer Hausputz

Reinigungsarbeiten werden am effektivsten an Lufttagen bei abnehmendem Mond vorgenommen. An Erdtagen bei zunehmendem Mond ist vom Hausputz abzuraten, weil der Schmutz jetzt eher verteilt und nicht entzogen wird.

Wäsche waschen

Wer seine Wäsche an Wassertagen bei abnehmendem Mond erledigt, wird auch mit weniger Waschmittel ein gutes Ergebnis erzielen. An Feuertagen bei zunehmendem oder Vollmond wird man mit dieser Arbeit nicht zufrieden sein.

Pflanzen gießen

An Wassertagen gegossene Pflanzen können das frische Nass besser speichern und entsprechend gut rationieren. Wer an Lufttagen gießt, riskiert erfahrungsgemäß, dass vermehrt Schädlinge angezogen werden.

Pflanzen düngen

Voll- und abnehmender Mond sind die optimalen Düngezeiten. An allen Löwe- sowie den Widder- und Schützetagen bei zunehmendem Mond belastet das Düngen die Pflanzen zu sehr. Und in den Wintermonaten von November bis einschließlich Februar ist eine Pause nötig!

Pflanzen umtopfen

Kübel-, Balkon- oder Zimmerpflanzen werden am besten bei abnehmendem oder zunehmendem und zugleich absteigendem Mond umgetopft, und zwar von März bis Mai sowie von September bis einschließlich November.
Bei Neu-, Voll- oder abnehmendem und zugleich aufsteigendem Mond umzutopfen behindert den Wuchs der Pflanzen.

Zu den Kalendarien dieses Jahrbuchs

Das zentrale Kalendarium: Ab Seite 28 finden Sie in jeder Tagesspalte Mondphase, Mondstand (dunkelblaues Zeichen) und Zeitangaben für Neu-, Halb-, Vollmond und Transite vom einen Zeichen in das nächste.
Die Infokästen (zur Elementegruppe usw.) gelten für den gesamten Mondstand (egal, welche Phase herrscht).
Die Symbolkästen ändern sich bei gleichbleibendem Mondstand, aber wechselnder Phase oder sind leer (siehe Seite 32), wenn keine Empfehlung oder Warnung zu geben ist.
Zum Thema Mondaspekte in den Tagestexten lesen Sie bitte zunächst die Seiten 200 ff.
Wichtig für alle Kalendarien in diesem Jahrbuch: Als Beurteilungskriterium dafür, von welchem Tierkreiszeichen ein Tag dominiert wird (ob z. B. noch ein Löwe- oder schon ein Jungfrautag gegeben ist), gilt nicht das Zeichen, in dem der Mond steht, wenn der Tag beginnt. Wichtig ist die Größe des Zeitraums, den der Mond am jeweiligen Tag in einem Sternzeichen verbringt. Denn je größer der Zeitraum ist, desto stärker wirken die durch das Zeichen bedingten Mondimpulse.
Das erklärt auch vermeintliche Abweichungen, wie z. B. am 19. Dezemer auf Seite 189: Der Mond befindet sich um 5.37 Uhr, wenn er sein Vollmondstadium erreicht, noch in den Zwillingen (bis 10.43 Uhr). Dennoch haben wir es an diesem Tag mit einem Krebs-Vollmond zu tun, weil von diesem Zeichen letztlich die dominantere Kraft ausgeht.

Monatsübersicht 2021

Januar

1	Fr	Neujahr	53. Woche
2	Sa		
3	So		
4	Mo		1. Woche
5	Di		
6	Mi	Heilige Drei Könige	
7	Do		
8	Fr		
9	Sa		
10	So		
11	Mo		2. Woche
12	Di		
13	Mi		
14	Do		
15	Fr		
16	Sa		
17	So		
18	Mo		3. Woche
19	Di		
20	Mi		
21	Do		
22	Fr		
23	Sa		
24	So		
25	Mo		4. Woche
26	Di		
27	Mi		
28	Do		
29	Fr		
30	Sa		
31	So		

Februar

1	Mo		5. Woche
2	Di	Mariä Lichtmess	
3	Mi		
4	Do		
5	Fr		
6	Sa		
7	So		
8	Mo		6. Woche
9	Di		
10	Mi		
11	Do		
12	Fr		
13	Sa		
14	So	Valentinstag	
15	Mo	Rosenmontag	7. Woche
16	Di	Fastnacht	
17	Mi	Aschermittwoch	
18	Do		
19	Fr		
20	Sa		
21	So		
22	Mo		8. Woche
23	Di		
24	Mi		
25	Do		
26	Fr		
27	Sa		
28	So		

März

1	Mo		9. Woche
2	Di		
3	Mi		
4	Do		
5	Fr		
6	Sa		
7	So		
8	Mo	Internationaler Frauentag	10. Woche
9	Di		
10	Mi		
11	Do		
12	Fr		
13	Sa		
14	So		
15	Mo		11. Woche
16	Di		
17	Mi		
18	Do		
19	Fr	Josefitag	
20	Sa	Frühlingsanfang	
21	So		
22	Mo		12. Woche
23	Di		
24	Mi		
25	Do		
26	Fr		
27	Sa		
28	So	Palmsonntag, Beginn der Sommerzeit	
29	Mo		13. Woche
30	Di		
31	Mi		

April

1	Do	Gründonnerstag	
2	Fr	Karfreitag	
3	Sa		
4	So	Ostersonntag	
5	Mo	Ostermontag	14. Woche
6	Di		
7	Mi		
8	Do		
9	Fr		
10	Sa		
11	So		
12	Mo		15. Woche
13	Di		
14	Mi		
15	Do		
16	Fr		
17	Sa		
18	So		
19	Mo		16. Woche
20	Di		
21	Mi		
22	Do		
23	Fr	Welttag des Buches	
24	Sa		
25	So		
26	Mo		17. Woche
27	Di		
28	Mi		
29	Do		
30	Fr	Walpurgisnacht	

Monatsübersicht 2021

Mai

1	Sa	Maifeiertag	
2	So		
3	Mo		18. Woche
4	Di		
5	Mi		
6	Do		
7	Fr		
8	Sa		
9	So	Muttertag, Europatag	
10	Mo		19. Woche
11	Di		
12	Mi		
13	Do	Christi Himmelfahrt	
14	Fr		
15	Sa		
16	So		
17	Mo		20. Woche
18	Di		
19	Mi		
20	Do		
21	Fr		
22	Sa		
23	So	Pfingstsonntag	
24	Mo	Pfingstmontag	21. Woche
25	Di		
26	Mi		
27	Do		
28	Fr		
29	Sa		
30	So		
31	Mo		22. Woche

Juni

1	Di		
2	Mi		
3	Do	Fronleichnam	
4	Fr		
5	Sa	Tag der Umwelt	
6	So		
7	Mo		23. Woche
8	Di		
9	Mi		
10	Do		
11	Fr		
12	Sa		
13	So		
14	Mo		24. Woche
15	Di		
16	Mi		
17	Do		
18	Fr		
19	Sa		
20	So		
21	Mo	Sommeranfang	25. Woche
22	Di		
23	Mi		
24	Do	Johannistag	
25	Fr		
26	Sa		
27	So	Siebenschläfer	
28	Mo		26. Woche
29	Di		
30	Mi		

Juli

1	Do	
2	Fr	
3	Sa	
4	So	
5	Mo	27. Woche
6	Di	
7	Mi	
8	Do	
9	Fr	
10	Sa	
11	So	
12	Mo	28. Woche
13	Di	
14	Mi	
15	Do	
16	Fr	
17	Sa	
18	So	
19	Mo	29. Woche
20	Di	
21	Mi	
22	Do	
23	Fr	
24	Sa	
25	So	
26	Mo	30. Woche
27	Di	
28	Mi	
29	Do	
30	Fr	
31	Sa	

August

1	So	Nationalfeiertag der Schweiz
2	Mo	31. Woche
3	Di	
4	Mi	
5	Do	
6	Fr	
7	Sa	
8	So	
9	Mo	32. Woche
10	Di	
11	Mi	
12	Do	
13	Fr	
14	Sa	
15	So	Mariä Himmelfahrt
16	Mo	33. Woche
17	Di	
18	Mi	
19	Do	
20	Fr	
21	Sa	
22	So	
23	Mo	34. Woche
24	Di	
25	Mi	
26	Do	
27	Fr	
28	Sa	
29	So	
30	Mo	35. Woche
31	Di	

Monatsübersicht 2021

September

1	Mi		
2	Do		
3	Fr		
4	Sa		
5	So		
6	Mo		36. Woche
7	Di		
8	Mi		
9	Do		
10	Fr		
11	Sa		
12	So		
13	Mo		37. Woche
14	Di		
15	Mi		
16	Do		
17	Fr		
18	Sa		
19	So	Eidgenössischer Bettag	
20	Mo		38. Woche
21	Di		
22	Mi	Herbstanfang	
23	Do		
24	Fr		
25	Sa		
26	So		
27	Mo		39. Woche
28	Di		
29	Mi		
30	Do		

Oktober

1	Fr		
2	Sa		
3	So	Tag der Deutschen Einheit Erntedankfest	
4	Mo	Welttierschutztag	40. Woche
5	Di		
6	Mi		
7	Do		
8	Fr		
9	Sa		
10	So		
11	Mo		41. Woche
12	Di		
13	Mi		
14	Do		
15	Fr		
16	Sa		
17	So	Kirchweihfest	
18	Mo		42. Woche
19	Di		
20	Mi		
21	Do		
22	Fr		
23	Sa		
24	So		
25	Mo		43. Woche
26	Di	Nationalfeiertag Österreichs	
27	Mi		
28	Do		
29	Fr		
30	Sa		
31	So	Reformationstag, Halloween, Ende der Sommerzeit	

November

1	Mo	Allerheiligen	44. Woche
2	Di	Allerseelen	
3	Mi		
4	Do		
5	Fr		
6	Sa		
7	So		
8	Mo		45. Woche
9	Di		
10	Mi		
11	Do	Martinstag	
12	Fr		
13	Sa		
14	So	Volkstrauertag	
15	Mo		46. Woche
16	Di		
17	Mi	Buß- und Bettag	
18	Do		
19	Fr		
20	Sa		
21	So	Totensonntag	
22	Mo		47. Woche
23	Di		
24	Mi		
25	Do		
26	Fr		
27	Sa		
28	So	1. Advent	
29	Mo		48. Woche
30	Di		

Dezember

1	Mi		
2	Do		
3	Fr		
4	Sa	Barbaratag	
5	So	2. Advent	
6	Mo	Nikolaustag	49. Woche
7	Di		
8	Mi	Mariä Empfängnis	
9	Do		
10	Fr		
11	Sa		
12	So	3. Advent	
13	Mo		50. Woche
14	Di		
15	Mi		
16	Do		
17	Fr		
18	Sa		
19	So	4. Advent	
20	Mo		51. Woche
21	Di	Winteranfang	
22	Mi		
23	Do		
24	Fr	Heiligabend	
25	Sa	1. Weihnachtstag	
26	So	2. Weihnachtstag	
27	Mo		52. Woche
28	Di		
29	Mi		
30	Do		
31	Fr	Silvester	

Schulferien 2021 in Deutschland

Land	Winter	Ostern/ Frühjahr	Himmelfahrt/ Pfingsten	Sommer	Herbst	Weihnachten
Baden-Württemberg	–	06.04.–10.04.	25.05.–05.06.	29.07.–11.09.	31.10./ 02.11.–06.11.	23.12.–08.01.
Bayern	15.02.–19.02.	29.03.–10.04.	25.05.–04.06.	30.07.–13.09.	02.11.–05.11./ 17.11.	24.12.–08.01.
Berlin	01.02.–06.02.	29.03.–10.04.	14.05.	24.06.–06.08.	11.10.–23.10.	23.12.–31.12.
Brandenburg	01.02.–06.02.	29.03.–09.04.	–	24.06.–07.08.	11.10.–23.10.	23.12.–31.12.
Bremen	01.02.–02.02.	27.03.–10.04.	14.05./25.05.	22.07.–01.09.	18.10.–30.10.	23.12.–08.01.
Hamburg	29.01.	01.03.–12.03.	10.05.–14.05.	24.06.–04.08.	04.10.–15.10.	23.12.–04.01.
Hessen	–	06.04.–16.04.	–	19.07.–27.08.	11.10.–23.10.	23.12.–08.01.
Mecklenburg-Vorpommern	06.02.–18.02./ 19.02.	29.03.–07.04.	14.05./ 21.05.–25.05.	21.06.–31.07.	02.10.–09.10./ 01.11./02.11.	22.12.–31.12.
Niedersachsen	01.02.–02.02.	29.03.–09.04.	14.05./25.05.	22.07.–01.09.	18.10.–29.10.	23.12.–07.01.
Nordrhein-Westfalen	–	29.03.–10.04.	25.05.	05.07.–17.08.	11.10.–23.10.	24.12.–08.01.
Rheinland-Pfalz	–	29.03.–06.04.	25.05.–02.06.	19.07.–27.08.	11.10.–22.10.	23.12.–31.12.
Saarland	15.02.–19.02.	29.03.–07.04.	25.05.–28.05.	19.07.–27.08.	18.10.–29.10.	23.12.–03.01.
Sachsen	08.02.–20.02.	02.04.–10.04.	14.05.	26.07.–03.09.	18.10.–30.10.	23.12.–01.01.
Sachsen-Anhalt	08.02.–13.02.	29.03.–03.04.	10.05.–22.05.	22.07.–01.09.	25.10.–30.10.	22.12.–08.01.
Schleswig-Holstein	–	01.04.–16.04.	14.05.–15.05.	21.06.–31.07.	04.10.–16.10.	23.12.–08.01.
Thüringen	08.02.–13.02.	29.03.–10.04.	14.05.	26.07.–04.09.	25.10.–06.11.	23.12.–31.12.

Angegeben sind jeweils der erste und der letzte Ferientag. Für die Richtigkeit der Termine kann keine Gewähr übernommen werden. Redaktioneller Stand: 29.02.2020

Arbeitsfreie Feiertage 2021

Gesetzliche Feiertage im Bundesgebiet

01.01. Neujahr
02.04. Karfreitag
04.04. Ostersonntag
05.04. Ostermontag
01.05. Maifeiertag
13.05. Christi Himmelfahrt
23.05. Pfingstsonntag
24.05. Pfingstmontag
03.10. Tag der Deutschen Einheit
25.12. 1. Weihnachtstag
26.12. 2. Weihnachtstag

Gesetzliche Feiertage in einzelnen Bundesländern

06.01. Heilige Drei Könige
(Baden-Württemberg, Bayern, Sachsen-Anhalt)

03.06. Fronleichnam
(Baden-Württemberg, Bayern, Hessen, Nordrhein-Westfalen, Rheinland-Pfalz, Saarland, Sachsen – teilweise, Thüringen – in Gemeinden mit überwiegend katholischer Bevölkerung)

15.08. Mariä Himmelfahrt
(Saarland, Bayern – in Gemeinden mit überwiegend katholischer Bevölkerung)

31.10. Reformationstag
(Brandenburg, Mecklenburg-Vorpommern, Sachsen, Sachsen-Anhalt, Thüringen)

01.11. Allerheiligen
(Baden-Württemberg, Bayern, Nordrhein-Westfalen, Rheinland-Pfalz, Saarland)

17.11. Buß- und Bettag
(Sachsen)

1 Freitag

Neujahr

Elementegruppe: **Feuer**
Besondere Nahrungsverträglichkeit: **Eiweiß**
Beeinflusster Pflanzenteil: **Frucht**
Dominierte Körperregionen, -funktionen: **Herz, Kreislauf, Blutdruck**

Guter Start

Ob romantische bzw. leidenschaftliche Zweisamkeit, friedliche Familienbesuche oder ausgelassene Partys – der Löwemond sorgt für genug Stimmung.

! Falls heute jemand, der selbst nicht sehr hilfsbereit ist, Ihre Unterstützung erbittet, sollten Sie sie ihm gewähren. Dann werden Sie sicherlich irgendwann die Erfahrung machen können, dass dieses gute Beispiel seine Einstellung verändert hat.

Am meisten die Sanftmut
macht den Menschen mächtig seiner selbst.

Thomas von Aquin

2 Samstag

Körper und Gesundheit

- Falls Sie unter Herzproblemen leiden, sollten Sie vor allem an Löwetagen den Konsum von Alkohol, Nikotin und Fleisch vermeiden.
- Ein Bad am Morgen weckt nun die Lebensgeister: Geben Sie dem warmen Badewasser z. B. einen Beutel Pfefferminztee zu. Das wird Sie erfrischen.
- Sorgen Sie heute auf jeden Fall für etwas körperlichen Ausgleich. Ob Sie Sport treiben oder nur etwas spazieren gehen – es wird Ihnen guttun.
- Gönnen Sie sich bei stabiler körperlicher Verfassung mal wieder einen ausgiebigen Saunabesuch, um so richtig zu entspannen.

Souveränität beweisen!

Sie sind jetzt aufgrund Ihrer Entschiedenheit nicht zu bremsen. Bleiben Sie aber fair, wenn kaum jemand Ihre Ansprüche erfüllen kann.
Beim jetzigen Mondstand übersieht man schon schnell mal die Signale der anderen. Heute also besonders aufmerksam deren Verhalten studieren!

3
Sonntag

02.14

Elementegruppe: **Erde**
Besondere Nahrungsverträglichkeit: **Salz**
Beeinflusster Pflanzenteil: **Wurzel**
Dominierte Körperfunktionen: **Stoffwechsel, Verdauung**

Sich um seinen Seelenfrieden kümmern

- Fehlt Ihnen heute etwas die innere Balance? Nützen Sie den Sonntag, um durch Sport oder einen ausgedehnten Spaziergang überschüssige Energie loszuwerden. Eine effektive Methode, sich wieder besser zu fühlen!
- Sie empfinden, dass jetzt weder für Provokationen noch für Aussprachen der richtige Tag ist. Und damit liegen Sie völlig richtig!
- Wird die kommende Arbeitswoche hart für Sie? Ruhen Sie sich einmal konsequent aus. Dann haben Sie ab morgen auch den richtigen Schwung!

Verantwortungsgefühl

Auch wenn Ihnen nicht danach ist, sich Probleme des Partners anzuhören – Sie wissen, was Sie ihm schuldig sind, und haben viel Geduld.

4
Montag

Pragmatismus

Heute sehen Sie bei der Arbeit nur selten auf die Uhr. Und so beschleicht Sie auch nicht das Gefühl, dass die Zeit überhaupt nicht vergehen will.

Mond und Garten

- Ein weißer Rindenanstrich ist ein optimaler Frostschutz für Ihre Obstbäume. Bringen Sie ihn an, falls noch nicht passiert, oder bessern Sie ihn nach.
- Wenn Sie über ein beheiztes Treibhaus verfügen, können Sie dort aufgrund der jetzigen Mondkonstellation Saatzwiebeln und Sommerlauch aussäen.
- Möchten Sie zudem den Boden des einen oder anderen Beetes lockern? Dieser Erdtag ist dafür jedenfalls gut geeignet.

Tipp Unterschiedlichste Reinigungsarbeiten sind nun günstig: z. B. Schuhe putzen, feucht Staub wischen oder Steinguttöpfe säubern.

5
Dienstag

06.43

Elementegruppe: Luft
Besondere Nahrungsverträglichkeit: Fett
Beeinflusster Pflanzenteil: Blüte
Dominierte Körperregionen: Hüfte, Nieren, Blase

Tatkraft
So kurz nach dem Wochenende und zudem bei abnehmendem Mond könnte Sie jetzt mal die reine Arbeitswut packen! Und mit viel Einfallsreichtum bewältigen Sie auch Schwierigstes.
Vor allem Arbeiten, die viel Feingefühl erfordern, und künstlerische Tätigkeiten sind an Waagetagen begünstigt. Nützen Sie die Gunst der Stunde!

Gesundheit
- Dieser Tag ist günstig für eine Operation. Nur im Hüft-, Nieren- und Blasenbereich sollte nach Möglichkeit kein Eingriff vorgenommen werden.
- Tun Sie bei diesem Mondstand Ihren Nieren etwas besonders Gutes und trinken Sie vor allem nachmittags viel Mineralwasser oder Tee.

6
Mittwoch

10.38

Heilige Drei Könige

Harmonie
Sie sollten heute die vertrauensvolle Stimmung zwischen Ihnen und Ihrem Partner genießen. So können Sie wertvolle seelische Kraft tanken.

Obst und Blumenknollen
- Kontrollieren Sie Ihr Obstlager: Stimmt die Temperatur dort, sollte es wieder mal gelüftet werden? Sind Regale und Kisten zu reinigen?
- Werfen Sie wieder einmal einen sehr kritischen Blick auf Ihre eingelagerten Blumenknollen, und sondern Sie alles sofort aus, was angefault ist.

Die perfekte Freizeit
Gleich, ob Musik oder Literatur, ob für 30 Minuten oder stundenlang – beschäftigen Sie sich heute nur damit, wofür Sie wirklich viel Muße haben! Der Waagemond trägt zum ungetrübten Genuss bei!

Elementegruppe: Wasser
Besondere Nahrungsverträglichkeit: Kohlenhydrate
Beeinflusster Pflanzenteil: Blatt
Dominierte Körperregionen: Sexualorgane, Harnleiter

7 Donnerstag – 09.55

Beitrag zur Schönheit

- Diese Mondphase ist besonders gut für alle Maßnahmen geeignet, die eine Tiefenreinigung der Haut bewirken sollen.
- Entspannen Sie sich nach diesem Arbeitstag mit einem beruhigenden Vollbad: Geben Sie z. B. einen Aufguss aus 100 g Kamillenblüten ins Wasser.

8 Freitag

Sich zu helfen wissen

Man muss nicht immer kämpfen, um zu bekommen, was man will. Manchmal geht es viel einfacher, wenn man seinen Charme spielen lässt!

Der Not gehorchend,
lass ich ab vom eitlen Kampf.
Sophokles

9 Samstag – 12.16

Hartnäckige Flecken?

Kein Problem: Die lassen sich bei dieser Mondkonstellation sehr leicht entfernen. Einfach mit Salz vorbehandeln und dann wie üblich waschen!

Pragmatismus

Von 16.40 bis 18.40 Uhr gehen Mond und Saturn ein Sextil ein. Da können Sie mit nur geringem Aufwand endlich auf die perfekte Idee stoßen, wie Ihr Plan optimal in die Praxis umzusetzen ist.

10
Sonntag

Elementegruppe: **Feuer**
Besondere Nahrungsverträglichkeit: **Eiweiß**
Beeinflusster Pflanzenteil: **Frucht**
Dominierte Körperregionen: **Oberschenkel, Venen**

Achtung Mondpause!
Von 19.30 Uhr bis zum Eintritt des Mondes in das Tierkreiszeichen Steinbock morgen um 14.31 Uhr herrscht die erste intensive, weil längere Mondpause dieses Jahres. Von einer Mondpause spricht man, wenn der Mond bei seiner Wanderung durch den Tierkreis keinen Hauptaspekt (also keine Konjunktion, Opposition, kein Quadrat, Trigon oder Sextil) mehr bildet, bis er vom Zeichen, durch das er gerade läuft, ins nächste wechselt. Er befindet sich dann sozusagen in einer Art Leerlauf, was einiges begünstigt und anderes problematisiert.
Gefördert werden nun z. B. Routinetätigkeiten, schon begonnene Aktivitäten, Meditation, Yoga, Erholung und Schlaf. Vermeiden sollte man jetzt aber vor allem, etwas Neues zu beginnen.
Betrachtet werden im Jahrbuch aber nur die wesentlichsten Pausen.

11
Montag

14.31

Für das körperliche Wohlbefinden

- Beim Mondstand in einem Fruchtzeichen sind alle Fruchtgemüse, z. B. Tomaten oder Zucchini, sowie Hülsenfrüchte besonders bekömmlich.
- Dieser Schützetag eignet sich sehr gut für einen zahnärztlichen Eingriff. Vor allem bei einem Termin nach 14 Uhr werden Sie kaum etwas spüren.
- Wenn der Mond ein Feuerzeichen durchläuft, reagiert der Körper stärker auf Eiweiß. Allergiker sollten deshalb jetzt sehr vorsichtig sein.

Zarte Pflanzenwelt

- Momentan sollten nicht einmal die Zimmerpflanzen umgetopft werden, die es wirklich brauchen. Die Mondkonstellation ist nämlich ungeeignet.
- Kübelpflanzen im Winterlager müssen immer wieder auf Schädlinge hin untersucht werden, deren Bekämpfung heute z. B. sehr begünstigt ist.
- Haben Sie schon die Zweige Ihrer Beerenobststräucher ausgelichtet? Jahreszeit, Mondphase und -stand im Tierkreis sind nun ideal dafür.

12
Dienstag

Elementegruppe: **Erde**
Besondere Nahrungsverträglichkeit: **Salz**
Beeinflusster Pflanzenteil: **Wurzel**
Dominierte Körperregionen: **Knie, Haut, Knochen**

Tipp Da morgen Neumond ist, sollten Sie in der jetzigen dafür noch günstigen Mondphase alle Körperhaare entfernen, die Sie stören.

Vorratshaltung
Dieser Steinbocktag bietet sich für das Abfüllen getrockneter Wurzeln an. Gebrauchen Sie für die Aufbewahrung möglichst Gefäße aus dunklem Glas.

Beschaulichkeit
Zwischen 22.18 und 0.18 Uhr bilden Mond und Neptun ein Sextil. Da müsste es Ihnen eigentlich sehr leichtfallen, vom Alltagstrubel abzuschalten. Kosten Sie das nach Möglichkeit voll aus!

13
Mittwoch

06.01

17.45

Die psychologische Grundbefindlichkeit bei Neumond
Einerseits verleihen die frischen Impulse des Neumonds der Psyche neue Kraft. Sie können dabei helfen, geistige Trägheit zu überwinden, Selbstvertrauen zu schöpfen und den Mut zu finden, Altes zu überwinden und Neues mit Elan anzugehen.
Wer Ordnung in seine Gedanken und Gefühle bringen will, wer Veränderung anstrebt, neue Einsichten sucht, der findet in der Zeit des Neumonds oft auch die Motivation, damit zu beginnen. Denn jetzt stehen alle Sinne ganz deutlich auf Empfang!
Andererseits sind die körperlichen Kräfte während dieser Mondphase in aller Regel etwas geschwächt. Dieser Zustand kann die Entwicklung der seelischen Verfassung zunächst einmal behindern, weil er erst im Verlauf des zunehmenden Mondes überwunden wird.

14
Donnerstag

***Elementegruppe:* Luft**
***Besondere Nahrungsverträglichkeit:* Fett**
***Beeinflusster Pflanzenteil:* Blüte**
***Dominierte Körperregionen:* Unterschenkel, Venen**

Achtung Mondpause!
Sie beginnt um 10.29 Uhr und zieht sich bis morgen kurz nach 23 Uhr, also knappe 37 Stunden hin.
Nützen Sie diese Zeit vor allem für eine Erholung der besonderen Art: Wenn der Mond in Löwe, Waage oder Wassermann steht, schlägt das Herz aller Musikfreunde höher – gleich ob in der Oper, im Konzertsaal oder zu Hause. Gönnen Sie sich also ein unvergessliches Erlebnis!

- Bei zunehmendem Mond in einem Feuer- oder Luftzeichen (also auch Wassermann) ist das Kuchenbacken sehr zu empfehlen.
- Mahlzeiten mit Zwiebeln, die eventuelle Venenbeschwerden lindern, sind bei diesem Mondstand günstig. Denken Sie beim Kochen dran!

15
Freitag

23.18

Aktiv in Garten
Jetzt fällt oft noch viel Schnee. Achten Sie beim Salzstreuen auf Gartenwegen darauf, dass die angrenzenden Beete davon nicht betroffen werden. Während dieser Mondkonstellation ist es sehr begünstigt, Kaltkeimer zu säen. Und bedecken Sie die Saat nur mit ganz wenig Erde.

Kommunikation ist Trumpf, …
- Heute sind Kontakte angesagt. Haben Sie z. B. ein Rendezvous mit einem neuen Schwarm? Der Termin wäre nämlich aufgrund des Mondstands sehr gut gewählt.
- Auch sich mit Freunden zu treffen wird vom Wassermannmond besonders begünstigt.

Einen guten Eindruck machen
Zeit für Schönheitspflege: Der Mond unterstützt die Korrektur eingewachsener Finger- und Zehennägel sowie das Tönen oder Färben von Haaren.

Elementegruppe: Wasser
Besondere Nahrungsverträglichkeit: Kohlenhydrate
Beeinflusster Pflanzenteil: Blatt
Dominierte Körperregionen: Füße, Zehen

16 Samstag

Gleichgewicht von Pflicht und Kür

- Sie wissen, was man von Ihnen beruflich erhofft? Und sind bereit, diese Erwartungen zu erfüllen? Überlegen Sie sich nun ein kreatives Konzept.
- Ein spontanes Arbeitsessen mit einem Geschäftspartner kann Ihnen bei diesem Mondstand mehr einbringen, als Sie zu hoffen gewagt haben.
- Wenn Ihre heutigen Vorstellungen denen Ihres Partners nicht entsprechen, macht am besten jeder, was er möchte. Das ist ja nicht für alle Zeiten so!

Versöhnung

Von 18.03 bis 20.03 Uhr (Mond-Venus-Sextil) herrscht eine besonders friedliche Stimmung, die Sie nutzen können, um einen Konflikt zu schlichten, der nur auf einem dummen Missverständnis beruht.

17 Sonntag

Bewusster leben

- Wenn der zunehmende Mond in den Fischen steht, sollte man möglichst ganz auf Alkohol verzichten, weil dessen Wirkung nun umso stärker ist.
- Lust auf gesundes und zugleich leckeres Essen – z. B. Seeteufel mit Wildreis und Fenchel? Dieses Gemüse stärkt nämlich u. a. die Nerven.
- Was einen am Ende eines langen Fischetags wieder perfekt ins Lot bringt, ist eine ausgiebige Meditation. Nehmen Sie sich die Zeit dafür!

Das Wesen der Menschlichkeit
entfaltet sich nur in der Ruhe.

Johann Heinrich Pestalozzi

Wassertage und Feuchtigkeit

Der Mond nimmt zu und steht auch noch in einem Wasserzeichen. Da sollte man nicht versuchen, von Wänden Feuchtigkeit oder Schimmel zu entfernen. Man hätte keinen Erfolg damit!

18
Montag

08.08

Elementegruppe: **Feuer**
Besondere Nahrungsverträglichkeit: **Eiweiß**
Beeinflusster Pflanzenteil: **Frucht**
Dominierte Körperregionen: **Kopf, Gesicht**

Mond und Körper

- An Widdertagen existiert ein erhöhtes Kopfschmerzrisiko. 5 bis 8 Tropfen Pfefferminzöl mit etwas Wasser in der Duftlampe kann es vermindern.
- Medikamente sind bei dieser Mondkonstellation sehr wirksam. Falls Sie welche nehmen müssen, sollten Sie auf eine genaue Dosierung achten.

19
Dienstag

Kommunikation

Aufgrund eines Mond-Merkur-Sextils von 18.55 bis 20.55 Uhr können Sie in diesen Stunden das Zusammensein mit anderen ohne Einschränkung genießen, weil sich der Gedankenaustausch als ziemlich fruchtbar erweist.

Energie geht nicht verloren.

Hermann von Helmholtz

20
Mittwoch

22.03

19.57

Garten und Haushalt

- Wer ein beheiztes Treibhaus besitzt, kann nun schon damit beginnen, Fruchtgemüse, wie Paprika, Tomaten und Puffbohnen, auszusäen.
- Vielleicht braucht so manche Gartenpflanze, die noch im Haus überwintert, mittlerweile einen größeren Topf. Besorgen Sie jetzt das Nötige.
- An Feuertagen ist es günstiger, nicht zu kochen. So umgeht man die in aller Regel erhöhte Brandgefahr aufgrund des nun besonders heiß werdenden Fettes.

21
Donnerstag

Elementegruppe: **Erde**
Besondere Nahrungsverträglichkeit: ***Salz***
Beeinflusster Pflanzenteil: ***Wurzel***
Dominierte Körperregionen: ***Kiefer, Hals, Nacken***

! Versuchen Sie nicht gerade am heutigen Tag, den großen Wurf zu landen. Vor allem Verbissenheit bringt überhaupt nichts. Erledigen Sie Ihre Routinearbeiten aber sorgfältig. Auch damit können Sie sich jetzt profilieren!

Auf die Gesundheit achten!

- An Stiertagen sollten Sie sich grundsätzlich immer besonders vor Zugluft in Acht nehmen und vor allem Hals sowie Stimmbänder schonen.
- Und wer sich gesundheitlich etwas angeschlagen fühlt, sollte vor der Nachtruhe ein Kamillenbad nehmen. Die Mondkonstellation erhöht die Wirkung noch beträchtlich!

Tipp Aufgrund der jetzigen Mondkonstellation sollten Sie beim Putzen »trocken« vorgehen, also beispielsweise Böden saugen und nicht rauswischen.

22
Freitag

Gelingen

- Zwischen 6.29 und 8.29 Uhr trägt ein Mond-Venus-Trigon zu neuer Anerkennung bei: In einer für Sie unangenehmen Situation können Sie jetzt mit etwas Feingefühl wieder Herr der Lage werden. So haben Sie letztlich alle Sympathien auf Ihrer Seite.
- Wenn der Mond im Stier steht, beweist man in aller Regel eine glückliche Hand dabei, bezüglich größerer Anschaffungen eine Wahl zu treffen.
- Klappt es mit Ihrem Haushaltsplan? Machen Sie im fortgeschrittenen Monat ruhig mal einen Kassensturz, um zu wissen, ob Sie Ihr Geld optimal einteilen. Bei zunehmendem Mond in einem Erdzeichen hat man für alle finanziellen Angelegenheiten nämlich das richtige Gespür.

Gartenarbeit

Mondphase und -stand begünstigen es nun beispielsweise, Laubgehölze zu verpflanzen. Allerdings sollte es dazu natürlich frostfrei sein.

23
Samstag

08.44

Elementegruppe: **Luft**
Besondere Nahrungsverträglichkeit: **Fett**
Beeinflusster Pflanzenteil: **Blüte**
Dominierte Körperregionen: **Schultern, Arme, Hände**

Zwillingemond und Körper

- Jetzt können verstärkt rheumatische Beschwerden auftreten. In diesem Fall hilft beispielsweise ein ca. 20-minütiges Heublumenbad.
- Sitzen Sie viel am Computer und sind im Schulterbereich ziemlich verspannt? Der Mondstand unterstützt eine muskelstärkende Massage sehr!

24
Sonntag

Die bunte Welt der Blumen

- Der zunehmende Mond steht in einem Luftzeichen. Nützen Sie das, um Dahlien und Knollenbegonien zu vermehren und vorzukeimen.
- Bei dieser Mondkonstellation können Sie nun schon mal Sommerblumen mit langer Vorkulturzeit in Saatschalen auf dem Fensterbrett aussäen.

Tipp Beim jetzigen Mondstand verlaufen Besuche in der Regel sehr angenehm. Haben Sie jemandem einen versprochen? Dann nichts wie los!

25
Montag

19.53

Von 8.18 bis 19.53 Uhr erstreckt sich eine etwa halbtägige **Mondpause**. Zwillingetage gehören zu den besten Terminen für Werbeangelegenheiten. Jetzt ist man nämlich besonders einfallsreich. Nachdenken lohnt also. Arbeiten Sie aber noch keine allzu konkreten Pläne aus!

Vorsicht!

Zu viel Sport bei dieser Mondkonstellation zieht schnell einen Muskelkater im Schulterbereich nach sich. Majoranöl in der Duftlampe kann ihn lindern.

Elementegruppe: *Wasser*
Besondere Nahrungsverträglichkeit: *Kohlenhydrate*
Beeinflusster Pflanzenteil: *Blatt*
Dominierte Körperregionen: *Magen, Lunge, Galle, Leber*

26 Dienstag

Den richtigen Schritt tun!

- Kontrollieren Sie Ihre Arbeit noch mal genau auf eventuelle Fehler, eh Sie sie als abgeschlossen betrachten. Vielleicht haben Sie etwas übersehen!
- Zwischen 14.18 und 16.18 Uhr bilden Mond und Mars ein Sextil. Zögern Sie da nicht lange, sondern machen Sie genau das, was Sie in diesem Moment für richtig halten. Der Erfolg wird Ihnen Recht geben.
- Zeigen Sie heute Ihrem Partner Ihre Zuneigung durch Worte und Taten, selbst wenn er das momentan gar nicht richtig zu schätzen weiß.

Mond und Haus

Bei zunehmendem Mond in Krebs, Skorpion und Fische verläuft die Installation oder Reparatur einer Wasser- bzw. Heizanlage am erfolgreichsten.

27 Mittwoch

Die richtige Ernährung

- Reagieren Sie auf Fett und Alkohol oft sehr sensibel? Wenn ja, sollten Sie an Krebstagen möglichst darauf verzichten, um den Magen zu schonen.
- Blattgemüse und Salate sollten bei diesem Mondstand Ihren Speiseplan dominieren. Und vermeiden Sie minderwertige Kohlenhydrate!

Mond und Pflanzenwelt

- Bald droht leider wieder Gefahr von Blattläusen und Erdflöhen. Setzen Sie dagegen doch gleich jetzt schon mal einen Brennnessel- oder Holunderauszug an.
- Mondphase und -stand sind günstig, um im Treibhaus Endivie, Römischen Salat, Blumenkohl, Schnitt- und Pflücksalat auszusäen.
- Der Mond begünstigt es außerdem, Blattkräuter auf dem Fensterbrett zu ziehen. Verwenden Sie dafür besonders flache Schalen.

28 Donnerstag

20.17

03.55

Elementegruppe: ***Feuer***
Besondere Nahrungsverträglichkeit: ***Eiweiß***
Beeinflusster Pflanzenteil: ***Frucht***
Dominierte Körperregionen, -funktionen: ***Herz, Kreislauf, Blutdruck***

Mond und Körper

- Keine Lust auf einen Fasttag? Ein Gericht, das an Löwetagen ganz besonders gut schmeckt und auch sehr guttut, ist Chili con Carne. Denn Bohnen kräftigen Herz und Kreislauf.
- Auch wenn es während dieser Jahreszeit noch so schön wäre – verzichten Sie heute auf einen Saunabesuch! Er könnte Ihren Kreislauf überfordern.

Vorsicht!

- Berücksichtigen Sie bei Ihrer Gartenarbeit zurzeit, dass in dieser Mondphase das Wetter erfahrungsgemäß leicht umschlagen kann.
- Vermeiden Sie heute allzu waghalsige Reparatur- und Putzaktionen. Dann riskieren Sie bei der Hausarbeit auch keinen Unfall.

29 Freitag

Obst und Fruchtgemüse

Kontrollieren Sie Ihr Obstlager auf angefaulte Früchte. Zudem können Sie nun auf der Fensterbank mittlerweile das erste Fruchtgemüse vorziehen.

Der Löwemond weckt alle Sinne

- Ihre Leidenschaft ist jetzt kaum zu bändigen! Genießen Sie es in vollen Zügen, aber versuchen Sie auch, die Ansprüche des Partners zu erfüllen.
- Es könnte gut sein, dass es Sie abends nach draußen zieht! Gehen Sie tanzen, oder leisten Sie sich einen Konzertabend. Sie werden es genießen.

Dem Menschen ist es natürlich,
durch das Sinnliche zur Erkenntnis des Geistigen zu gelangen.

Thomas von Aquin

Elementegruppe: **Erde**
Besondere Nahrungsverträglichkeit: **Salz**
Beeinflusster Pflanzenteil: **Wurzel**
Dominierte Körperfunktionen: **Stoffwechsel, Verdauung**

30 Samstag

09.04

Bedachte Kommunikation

Bei diesem Mondstand bekommt man sich leider schnell in die Haare. Vermeiden Sie daher nach Möglichkeit vor allem unsachliche Bemerkungen. Machen Sie es sich jetzt also zum Grundsatz, nicht zu provozieren, aber möglichst immer für Ausgleich zu sorgen. Dann ersparen Sie sich viel!

31 Sonntag

Die Mitte suchen

Wenn Sie heute etwas intensiver über das Auf und Ab im Leben nachdenken, werden Sie darin weniger eine gewisse Sinnlosigkeit als vielmehr eine echte Herausforderung sehen können. Nehmen Sie sich die Zeit dafür!

Die Hoffnung ist der Streit zwischen
der Lebenslust und den Erfahrungen.

Gabriel Laub

1 Montag

12.26

Gartenarbeit

- Bei mildem Wetter können Sie bereits ein Frühbeet anlegen. Der abnehmende Mond im Erdzeichen Jungfrau begünstigt das.
- Wenn keine winterlichen Verhältnisse herrschen, kann man bereits die ersten Beete vorbereiten, beispielsweise den Boden lockern und Gründüngung einarbeiten.
- Im Garten ist momentan die Reparatur eines Gartenzauns sehr günstig, in der Landwirtschaft wäre nun z. B. eine Stallreinigung sehr effektiv.

2 Dienstag

Mariä Lichtmess

Elementegruppe: **Luft**
Besondere Nahrungsverträglichkeit: **Fett**
Beeinflusster Pflanzenteil: **Blüte**
Dominierte Körperregionen: **Hüfte, Nieren, Blase**

Der Umgang mit den anderen

- Der Waagemond stärkt die kommunikativen Fähigkeiten. Überlegen Sie nun einmal, unter welchen Umständen man lustlose Kollegen motivieren könnte.
- Sie möchten dem Partner so einiges erklären? Die harmonische Stimmung bei diesem Mondstand wird es Ihnen erleichtern!

Haus und Garten

- Überraschen Sie heute Ihre Familie doch mit einem selbst gemachten Kuchen! Wer jetzt backt, wird feststellen, dass alles gut gelingt.
- Die Mondkonstellation ist günstig für die Reinigung von allem, was es nötig hat: z. B. Gartenhäuschen oder Töpfe und andere Behältnisse.

3 Mittwoch

15.16

Tipp An Waagetagen ist es angebracht, viel Wasser, Tee oder Saft zu trinken, um Nieren und Blase gut durchzuspülen – in jeder Mondphase!

Voller Gefühle und Gedanken

- Auch bei noch so schwärmerischen Gefühlen für eine neue Bekanntschaft sollte man nicht den Überblick verlieren. Also unter dem Einfluss des Waagemonds nicht kopflos handeln!
- Der geeignetste Ausklang für diesen Waagetag ist beispielsweise unterhaltsame Lektüre oder schöne Musik.

Lies und denke immer laut.

Leo N. Tolstoi

Tipp Nehmen Sie vor der Bettruhe noch ein Vollbad zur besseren Entspannung. Eine Tasse Milch mit Honig erleichtert zusätzlich das Einschlafen.

4
Donnerstag

18.38

Elementegruppe: ***Wasser***
Besondere Nahrungsverträglichkeit: ***Kohlenhydrate***
Beeinflusster Pflanzenteil: ***Blatt***
Dominierte Körperregionen: ***Sexualorgane, Harnleiter***

! Heute ist es sehr wichtig, möglichst jedem seinen Willen zu lassen und bei Meinungsverschiedenheiten nicht ewig zu diskutieren. Sonst sind unnütze Auseinandersetzungen wohl das Einzige, was man erreichen wird.

Mond und Gesundheit

- Wenn der Mond in Waage oder Skorpion steht, sollte man sich unbedingt vor Unterkühlung schützen, um eine Blasenentzündung zu vermeiden.
- Brennnesseltee ist *das* Wundermittel für eine effektive Blutreinigungskur! Trinken Sie gleichmäßig auf den Tag verteilt etwa einen Liter davon.
- Bei diesem Mondstand treten verstärkt Frauenleiden auf. Avocados, Feigen und Brokkoli können z. B. Menstruationsbeschwerden lindern.

5
Freitag

18.18

- Für das Freiland ist es noch zu früh (außer, Sie haben ein Mistbeet), aber im Treibhaus können Sie Kopfsalat und Frühkohl säen bzw. pflanzen.
- Wer jetzt Holz für den Wasserbau einschlägt, kann davon ausgehen, dass es weder leicht faulen noch zu schnell reißen wird.
- Nützen Sie den abnehmenden Mond in einem Wasserzeichen, um die große Wäsche zu erledigen. Auch mit weniger Mittel wird alles sehr sauber.
- Diese Tätigkeiten sind auch sehr begünstigt: Schuhe putzen, hartnäckige Flecken entfernen und Wasserinstallationsarbeiten ausführen.

Selbsterkenntnis bei Mond in Krebs, Skorpion oder Fische
Der Mond in einem Wasserzeichen erleichtert den Zugang zur Seele.

Die Seele ist stets am Werk
und arbeitet für sich ohne Unterlass.
Charles de Secondat

6
Samstag

***Elementegruppe:* Feuer**
***Besondere Nahrungsverträglichkeit:* Eiweiß**
***Beeinflusster Pflanzenteil:* Frucht**
***Dominierte Körperregionen:* Oberschenkel, Venen**

Schützetage sind gute Termine für Aussprachen. Dem Gegenüber in Ruhe zuzuhören und es auch verstehen zu wollen klappt nun besser als sonst.

In Worten sei wahrhaft und zuverlässig,
im Handeln gewissenhaft und rücksichtsvoll.
Konfuzius

Mond und Haushalt

- Dieser Mondtermin ist ein guter Zeitpunkt zum Fensterputzen. Ein alter Trick gegen Schlieren ist das Trocknen und Polieren mit Zeitungspapier.
- Falls Ihr Holzfußboden wieder einmal gründlich gereinigt werden sollte, ist die Gelegenheit bei abnehmendem Mond in einem Feuerzeichen sehr gut.

7
Sonntag

21.53

Um 7.17 Uhr beginnt eine knapp 15-stündige **Mondpause**.
Vielleicht möchten Sie ja die Gelegenheit nutzen und heute verreisen? Mondphase, -stand und -pause sind jedenfalls optimal dafür.

Spüren Sie jetzt große Lust auf **Hülsenfrüchte**, z. B. einen Erbsensalat? Nur zu! Erbsen tragen zum Muskelaufbau bei, kräftigen das Bindegewebe.

Haben Sie an Ihren Obstbäumen noch keinen **Winterschnitt** vorgenommen? Mondphase und -stand sind hervorragend dafür geeignet.

Sie denken einmal ausführlich über das Thema **Teamfähigkeit** nach? Nüchterne Analyse und Fähigkeit zur Selbstkritik bringen Sie nun sehr weit!

Nützen Sie die Mondkonstellation, um wieder einmal **Sport** zu treiben. Und mit dem Partner oder einem Freund macht es noch mal so viel Spaß!

8
Montag

Elementegruppe: **Erde**
Besondere Nahrungsverträglichkeit: **Salz**
Beeinflusster Pflanzenteil: **Wurzel**
Dominierte Körperregionen: **Knie, Haut, Knochen**

Für das Wohlbefinden

- Bei diesem Mondstand sollten Sie Ihre Gelenke schonen. Deshalb dürfen Sie es vor allem bei sportlichen Aktivitäten nicht übertreiben.
- Nehmen Sie sich Zeit für die Hand- und Fußnagelpflege. Auch das Ziehen eingewachsener Nägel verläuft in dieser Mondphase meist problemlos.
- Steinbocktage sind nicht sehr begünstigt für das Feiern von Festen und Pflegen von Bekanntschaften. Verbringen Sie Ihre Freizeit also besser in Ruhe zu Hause!

Frisches Gemüse

Im beheizten Treibhaus oder Frühbeet kann man bei dieser Mondkonstellation nun schon die ersten Rettiche und Radieschen pflanzen.

9
Dienstag

Einsicht

Von 7.56 bis 9.56 Uhr bilden Mond und Neptun ein Sextil: Da fällt es Ihnen leicht, erst mal die Routinearbeit zu erledigen. Denn Sie denken und fühlen, dass Sie erst nach der Pflicht den Kopf so richtig frei haben für die Kür.

Sich immer am Leben korrigieren!
Christian Morgenstern

Immer aktiv

- Wie wäre es wieder einmal mit selbst gemachtem Sauerkraut? Das Ansetzen wird vom abnehmenden Mond im Steinbock sehr begünstigt.
- Auch das Einkochen von Wurzelgemüse, das Staubwischen sowie alle Streich- und Lackierarbeiten sind jetzt besonders geeignet.
- Erledigen Sie nun den Behördengang, den Sie schon so lange vor sich herschieben. Er wird Ihnen jetzt auch keine besondere Mühe bereiten.

10 Mittwoch

02.21

Elementegruppe: Luft
Besondere Nahrungsverträglichkeit: Fett
Beeinflusster Pflanzenteil: Blüte
Dominierte Körperregionen: Unterschenkel, Venen

Arbeit und Freizeit

- Der Wassermannmond fördert die kommunikative und kreative Ader. Das zahlt sich bei Werbeangelegenheiten und Projektplanungen sehr aus.
- Widmen Sie den wichtigen beruflichen Angelegenheiten der nächsten Zeit ruhig einige Gedanken. Aber vergessen Sie dabei nicht das Tagesgeschäft!
- Überlegen Sie, was Ihnen am Abend wichtig ist. Versuchen Sie nicht, allzu viel unter einen Hut zu bekommen. Das nimmt Ihnen den Genuss an allem!

Ein Unterschied, der dem Verstand nichts gibt,
ist kein Unterschied.

Goethe

11 Donnerstag

20.07

Zwischen 8.23 und 10.23 Uhr gehen Mond und Merkur eine Konjunktion ein. In diesen frühen Stunden des Neumondtags haben Sie das Gefühl, dass der richtige **Zeitpunkt** gekommen ist! Deshalb machen Sie nun klar, was Sie unter gar keinen Umständen akzeptieren. Und schon haben Sie die Auseinandersetzung gewonnen.

Tipp Oft genügt ein einziger Anruf, um eine festgefahrene Sache wieder in Gang zu bringen. Falls nötig, sollten Sie vor allem bei dieser Mondkonstellation Ihre guten Geschäftskontakte nützen!

Der Abend ist geprägt von einer **Mondpause**, die um 20.07 Uhr beginnt und gute zwölf Stunden dauert. Steht bei Ihnen ein Rendezvous an? Wenn Sie die rosa Brille zu Hause lassen, sich nicht von vornherein zu viel erwarten und offen bleiben, werden Sie auch kaum enttäuscht werden.

Elementegruppe: *Wasser*
Besondere Nahrungsverträglichkeit: *Kohlenhydrate*
Beeinflusster Pflanzenteil: *Blatt*
Dominierte Körperregionen: *Füße, Zehen*

12 Freitag

08.24

Dank der Kraft des Mondes

- Egal, womit Sie beruflich beschäftigt sind – die jetzige Mondkonstellation sorgt für eine sehr kreative Stimmung, die Sie unbedingt nützen sollten.
- Sich an den Herd zu stellen und etwas Leckeres zu zaubern ist nun unbedingt zu empfehlen.

13 Samstag

Gartenarbeit

Denken Sie an Ihre Koniferen und anderen immergrünen Pflanzen. Im Falle von großer Trockenheit sollten Sie sie jetzt gießen. Außerdem ist es schon begünstigt, im Mistbeet oder Treibhaus Endivie auszusäen.

Wichtig Reduzieren Sie bei dieser Mondkonstellation den Alkohol. Denn alles, was Sie heute trinken, werden Sie stärker spüren als sonst!

14 Sonntag

16.55

Valentinstag

Heute wechselt der Mond von den Fischen in den Widder. Da können Sie in der **Liebe** alles erleben – von Zärtlichkeit bis Leidenschaft.

Eine **Bewerbung** zu schreiben ist jetzt nicht günstig. Sie würden wahrscheinlich zu lange nach den passenden Worten suchen.

Wieder mal etwas **Innenschau** halten? Oder sich einfach nur ausruhen und dem **Nichtstun** frönen? Die Mondkonstellation unterstützt beides!

15
Montag

Rosenmontag

Elementegruppe: **Feuer**
Besondere Nahrungsverträglichkeit: **Eiweiß**
Beeinflusster Pflanzenteil: **Frucht**
Dominierte Körperregionen: **Kopf, Gesicht**

Und weiter geht's im Garten
- Falls mittlerweile der Boden nicht mehr gefroren ist, können an diesem Fruchttag bereits Birn-, Apfel- und Zwetschgenbäume gepflanzt werden.
- Überprüfen Sie gründlich Ihre Baumstämme. Vielleicht weisen sie Frostrisse auf, die Sie dann gleich mit Baumwachs behandeln sollten.

Fürs leibliche Wohl
- Wie sieht es nach dem Wochenende mit Ihren Vorräten aus? Wenn Sie am heutigen Widdertag einkaufen gehen, können Sie auf ziemlich gute Angebote stoßen.
- Bei dieser Mondkonstellation ist das Kuchenbacken günstig. Beim Kochen muss man aber aufpassen, weil das Fett schnell verbrennen kann!

16
Dienstag

Fastnacht

! Es ist für Sie heute nicht von großem Vorteil, wenn Sie jedem ganz unverblümt erzählen, was Sie so denken. Beherrschen Sie also die Neigung, Klartext zu reden – auch wenn es jetzt besonders schwerfallen dürfte.
Und: Auch wenn Sie sich jetzt noch so siegesgewiss sind – versuchen Sie nicht, irgendjemanden zu etwas zu überreden, das er nicht will. Das gibt mit Sicherheit Ärger!

Tipp Sie leiden bei diesem Mondstand unter Konzentrationsschwierigkeiten? Ein paar Tropfen Rosmarinöl in der Duftlampe können da Abhilfe schaffen.

Karneval
Lassen Sie sich nicht zweimal bitten, wenn Sie für den heutigen Abend eine attraktive Einladung erhalten. Sie könnten was versäumen. Aber der zunehmende Mond steht im Widder: Da sollte man Genussmittel möglichst reduzieren oder ganz auf sie verzichten. Also nicht zu wild Fasching feiern!

17 Mittwoch

04.13

Aschermittwoch

Elementegruppe: **Erde**
Besondere Nahrungsverträglichkeit: **Salz**
Beeinflusster Pflanzenteil: **Wurzel**
Dominierte Körperregionen: **Kiefer, Hals, Nacken**

Schonung ist angesagt

- Wenn der Mond im Stier steht, müssen Sie möglichst Ihre Stimmbänder schonen. Sonst riskieren Sie eine ziemlich unangenehme Heiserkeit.
- Abends sollten Sie sich ausruhen oder etwas Nettes mit dem Partner unternehmen. Meiden Sie aber unbedingt größere Menschenansammlungen.

18 Donnerstag

Im Garten geht immer mehr

- Möchten Sie jetzt schon mal die ersten Ziergehölze pflanzen? Die momentane Mondkonstellation ist gut dafür geeignet.
- Sammeln Sie alles von den Beeten ab, was dort noch an abgestorbenem Material herumliegt. Dann kann die Sonne den Boden besser erwärmen.

Tipp Beim Lüften müssen Sie nun darauf achten, dass Sie die Fenster nicht zu lange geöffnet lassen. Sonst wird Feuchtigkeit angezogen!

19 Freitag

19.48

17.05

Fühlen Sie sich heute vor allem in der Nackenpartie sehr verspannt? Eine kräftigende **Massage** in diesem Bereich kann nun wahre Wunder wirken!

Das Obst des Tages sind **Äpfel**: Sie schmecken, sind gesund und kräftigen (vor allem bei der momentanen Mondkonstellation) das Zahnfleisch.

Sie denken an diesem Stiertag über **Geldanlagen** nach? Entscheiden Sie sich für nichts Riskantes. Setzen Sie vor allem auf Ihre Erfahrungen.

20
Samstag

Elementegruppe: **Luft**
Besondere Nahrungsverträglichkeit: **Fett**
Beeinflusster Pflanzenteil: **Blüte**
Dominierte Körperregionen: **Schultern, Arme, Hände**

Kontakte

Wenn Sie sich heute den anderen gegenüber aufgeschlossen und aufmerksam zeigen, haben Sie schon gewonnen. Das schafft neue Sympathien.

Haus und Garten

- Haben Sie die Geranien schon wieder eingepflanzt, um sie in einem Raum mit 7 bis 12 °C anwachsen zu lassen? Die Mondkonstellation passt gut.
- Für das Lüften von Räumen und Garderobe ist heute ein guter Zeitpunkt. Ihre Zimmerpflanzen gießen sollten Sie aber möglichst erst ab Montag.
- Mondphase und -stand begünstigen es, auf dem Fensterbrett Sommerblumen anzusäen. Lüften Sie nun auch Ihr Obstlager.

21
Sonntag

Fitness

Bei Verspannungen im Schulterbereich sollten Sie es vor allem bei dieser Mondkonstellation mit Gymnastikübungen versuchen, welche die Muskulatur aufbauen und stärken. Den Erfolg werden Sie jetzt deutlich spüren.

Spezielles Interesse

Der Zwillingemond entfacht in uns oft brennende Neugier. Vielleicht werden Sie heute interessante Lektüre mit größter Faszination verschlingen!

Freizeit

Ein Theater- oder Kinobesuch dürfte Ihnen an diesem Zwillingetag sehr viel Spaß bereiten. Die Alternative: Sich einmal konsequent in die Zweisamkeit zurückziehen, vor allem abends! Da sorgt ein Mond-Venus-Trigon von 19.40 bis 21.40 Uhr für einfallsreiche und prickelnde Sinnlichkeit. Diese Stunden sollten also der Liebe gewidmet sein.

Elementegruppe: *Wasser*
Besondere Nahrungsverträglichkeit: *Kohlenhydrate*
Beeinflusster Pflanzenteil: *Blatt*
Dominierte Körperregionen: *Magen, Lunge, Galle, Leber*

22 Montag

04.54

Privates

Gibt es momentan die eine oder andere Familienangelegenheit zu regeln? Bemühen Sie sich jetzt einmal darum. Krebstage sind diesbezüglich sehr empfehlenswert. Und vermeiden Sie dabei vor allem, mit Kanonen auf Spatzen zu schießen!

23 Dienstag

Für die gesunde Ernährung

Im Treibhaus oder auf dem Fensterbrett kann man bei dieser Mondkonstellation verschiedene Blattkräuter, Fenchel und Staudensellerie säen.

Beim Pflegen eines angenehmen Kontaktes werden Sie sich jetzt am besten ausruhen und zugleich für neue und wichtige **Inspiration** sorgen.

Ein offenes Herz zeigt eine offene Stirn.

Schiller

24 Mittwoch

13.24

! Tragen Sie es mit Fassung, wenn man heute Ihre Meinung nicht teilt. Vielleicht ist das ja auch eine wertvolle Chance, Ihren Standpunkt noch einmal genau zu überdenken!

Gut für Körper und Seele

Wie wäre es mal wieder mit Spinat? Dieses Gemüse schmeckt, schützt die Magenschleimhaut, stimuliert den Kohlenhydratstoffwechsel und trägt auch noch zu einer besseren Stimmung bei.

25
Donnerstag

Elementegruppe: **Feuer**
Besondere Nahrungsverträglichkeit: **Eiweiß**
Beeinflusster Pflanzenteil: **Frucht**
Dominierte Körperregionen, -funktionen: **Herz, Kreislauf, Blutdruck**

! Wenn Sie sich heute die Zeit nehmen, um in Ihren Unterlagen die nötige Ordnung zu schaffen, wird es Ihnen auch gelingen. Die einzige Voraussetzung ist, dass Sie konsequent bei der Sache bleiben und sich nicht ständig ablenken lassen.

Genuss der einen …

Wie wär's mit einem selbst gebackenen Apfelkuchen? Er würde Ihnen nun sicher gut gelingen und wäre an einem Fruchttag auch sehr bekömmlich.

… und der anderen Art

Gönnen Sie sich einen stilvollen Abend und besuchen Sie ein Konzert oder eine Opernaufführung. Sie werden es sicher sehr genießen!

26
Freitag

18.08

Gesundheit und Schönheit

- Der Mond nimmt zu und steht im Löwen, der Herz und Kreislauf dominiert. Verzichten Sie daher jetzt besser auf einen Saunabesuch.
- Sie brauchen einen neuen Haarschnitt und wollen, dass Ihre Haare danach wieder schnell nachwachsen? Dann sollten Sie jetzt zum Friseur gehen.

Mond und Gartenarbeit

- Wenn Sie jetzt das erste Unkraut jäten, wird es erfahrungsgemäß derart sprießen, dass Sie es dann bei abnehmendem Mond geradezu vollständig entfernen können.
- Versorgen Sie nach dem Winterschnitt der Obstbäume die anfälligen Schnittstellen mit Baumwachs, damit keine Pilze eindringen können.
- Die Mondkonstellation begünstigt nun besonders das Säen von Auberginen, Paprika und Tomaten im Mistbeet oder Treibhaus sowie das Pflanzen von Obstgehölzen.

27
Samstag

09.18

Elementegruppe: **Erde**
Besondere Nahrungsverträglichkeit: **Salz**
Beeinflusster Pflanzenteil: **Wurzel**
Dominierte Körperfunktionen: **Stoffwechsel, Verdauung**

Vollmondstimmung!
Wenn Sie heute keiner danach fragt, sollten Sie Ihre Meinung auch niemandem aufdrängen. Beherrschen Sie auch unbedingt die Neigung, alle belehren zu wollen.
Aufgrund von Mondphase und -stand sollten Sie aber vor allem eines vermeiden: Mit dem Partner über Beziehungsprobleme zu sprechen!

Pflanzennahrung
- Kontrollieren Sie nun, wie Ihr Rasen den Winter überstanden hat. Bei der heutigen Mondkonstellation wäre eine organische Düngung sehr günstig.
- Ebenso das Düngen von allen Zimmerpflanzen ist bei Vollmond in einem Erdzeichen besonders empfehlenswert.

28
Sonntag

20.18

Auf die Ernährung achten
Vor allem bei Mond in der Jungfrau ist es sehr wichtig, ballaststoffreiche Nahrung zu sich zu nehmen. Das sorgt für eine gute Verdauung.

Frieden finden
Ziehen Sie sich lang genug in Ihre private Ecke zurück, und versuchen Sie, bei Ihrer Lieblingsmusik abzuschalten. Verzichten Sie zudem auf Alkohol! Besonders die beiden Stunden von 13.43 bis 15.43 Uhr (Mond-Pluto-Trigon) sollten Sie sich nach Möglichkeit für Ihre ganz persönlichen Belange reservieren. Dann kommen Sie wieder zu mehr innerer Ruhe.

Wer am besten dulden kann,
der kann am besten handeln.
Samuel Smiles

1
Montag

Elementegruppe: **Luft**
Besondere Nahrungsverträglichkeit: **Fett**
Beeinflusster Pflanzenteil: **Blüte**
Dominierte Körperregionen: **Hüfte, Nieren, Blase**

Garten und Haushalt

- Manchmal bildet sich über den Winter Staunässe im Rasen. Falls Sie dieses Problem haben, ist jetzt ein guter Mondtermin, um es zu beheben.
- Und außerdem haben wir nun eine günstige Mondkonstellation, um frei gewordene Obsthorden einer gründlichen Reinigung zu unterziehen.
- Der abnehmende Mond in der Waage begünstigt auch das Reinigen und Einlagern von Wintergarderobe, die Sie jetzt nicht mehr brauchen.

Zerstreuung und Herausforderung zugleich
Führen Sie Tagebuch, schreiben Sie Gedichte? Falls nicht, sollten Sie jetzt mal Ihr Talent erforschen. Der Waagemond unterstützt Sie dabei.

2
Dienstag

21.39

Etwas für den Körper tun
Bei der momentanen Mondkonstellation ist das Risiko von Nieren- und Blasenleiden erhöht. Zur Vorbeugung oder Linderung ist Brennnesseltee gut.

! Sie sollten heute nicht versuchen, Ihrem Partner in einer Sie beide betreffenden Angelegenheit etwas vorzumachen. Er würde genau spüren, was los ist, und wäre darüber sehr gekränkt.

Tipp Sorgen Sie heute mal für die nötige Ordnung. Ob beim Putzen oder Aussortieren – nun wird Ihnen alles leicht von der Hand gehen.

Die Ordnung und Verknüpfung der Ideen
ist dieselbe wie
die Ordnung und Verknüpfung der Dinge.
Baruch de Spinoza

3
Mittwoch

Elementegruppe: **Wasser**
Besondere Nahrungsverträglichkeit: **Kohlenhydrate**
Beeinflusster Pflanzenteil: **Blatt**
Dominierte Körperregionen: **Sexualorgane, Harnleiter**

Der Mond als Helfer im Garten
Heute ist ein guter Termin, um den neuen Komposthaufen anzusetzen: Dafür den alten Kompost durchsieben und mit dem im Winter gesammelten Material mischen.

Mond und Schicksal
Interessiert es Sie, mal wieder zu Pendel oder Karten zu greifen, um etwas über die Zukunft zu erfahren? Dieser Skorpiontag eignet sich bestens dafür.

Der Mensch denkt immer anders
als das Schicksal.
Publilius Syrus

4
Donnerstag

23.44

Versuchen Sie sich vor allem an Waage- und Skorpiontagen warm zu halten, sonst ziehen Sie sich schneller als sonst eine **Blasenentzündung** zu.

Wenn der Mond das Zeichen Skorpion durchläuft, sind **Projektplanungen** günstig. Jetzt wird Ihnen ziemlich schnell ein gutes Konzept gelingen.

Kritik, die eher unwesentlich ist, äußern Sie beim jetzigen Mondstand erst gar nicht. Das trägt entscheidend zu einer friedlichen Stimmung zwischen Ihnen und den anderen bei.

Jetzt können winterharte **Gründünger**, wie beispielsweise Winterroggen, abgehackt werden. Das Grün sollte man dann gleich kompostieren.

Sind Sie noch ausreichend mit frischer **Wäsche** versorgt? Heute sind vom Mond sowohl das Waschen als auch die chemische Reinigung begünstigt.

5
Freitag

Elementegruppe: **Feuer**
Besondere Nahrungsverträglichkeit: **Eiweiß**
Beeinflusster Pflanzenteil: **Frucht**
Dominierte Körperregionen: **Oberschenkel, Venen**

Disziplinert

Gegen kurze Phasen von Konzentrationsmangel kämpfen Sie hartnäckig an und laufen somit auch nicht Gefahr, wichtige Details zu übersehen.

Mondphase und -stand passen: Werden Sie jetzt im Freien **sportlich aktiv**!

Startklar

Für alle, die genau wissen, was sie wollen, ist dieser Mondstand ein guter Termin, um Zukunfts- und vielleicht sogar Heiratspläne zu schmieden.

Pläne sind die Träume der Verständigen.

Ernst von Feuchtersleben

6
Samstag

02.31

Mondpause

Sie beginnt um 10.45 Uhr und dauert gute 16 Stunden.
Sind bei einem Kompetenzstreit mit Kollegen die Fronten verhärtet? Es ist günstig, an diesem Schützetag in Ruhe intensiver über einen Kompromiss nachzudenken.
Sie möchten nicht warten, bis wieder einmal die besten Angebote alle weg sind? Dann nehmen Sie doch gleich schon eine erste Planung Ihres Sommerurlaubs in Angriff!

Garten

Die Mondphase ist gerade günstig: Bereiten Sie weiterhin Ihre Beete für die Anpflanzung vor. Entfernen Sie z. B. alten Mulch von der Oberfläche.

Tipp Wenn Sie sich den ganzen Tag nicht so richtig fit gefühlt haben auf Ihren Beinen, sollten Sie das durch Wechselduschen wieder wettmachen.

7
Sonntag

03.21

Elementegruppe: **Erde**
Besondere Nahrungsverträglichkeit: **Salz**
Beeinflusster Pflanzenteil: **Wurzel**
Dominierte Körperregionen: **Knie, Haut, Knochen**

Hausapotheke
Sie gehören zu denen, die ihre Kosmetika ab und an selbst herstellen? Der Steinbockmond begünstigt z. B. das Zubereiten von Kräutersalben.

Und weiter mit der Gartenarbeit!
Nun ist es auch an der Zeit, den Rasen zu vertikutieren. Dann können wieder mehr Nährstoffe und ausreichend Sauerstoff ins Erdreich gelangen.

Muße haben
Gönnen Sie sich zum Abschluss des Wochenendes etwas Besonderes und gehen Sie wieder mal ins Theater. Das wird Ihnen an diesem Steinbocktag besonders gut gefallen!

8
Montag

Internationaler Frauentag

Schön und gesund
- Haben Sie zurzeit Probleme mit der Haut? Wenn der abnehmende Mond im Steinbock steht, ist eine schonende Tiefenreinigung sehr begünstigt.
- Leiden Sie an einer Erkältung? Heilende Badezusätze (im Erkältungsfall 15 Tropfen Eukalyptusöl) wirken an Erdtagen besonders intensiv.

Tipp Sie möchten jetzt das eine oder andere Wurzelgemüse im Freien säen bzw. setzen? Mondphase und -stand sind sehr günstig. Nützen Sie das.

Heimwerker aufgepasst
- Oft entstehen durch den Winterfrost Schäden an Balkon oder Terrasse. Falls Sie etwas auszubessern haben, ist die Mondkonstellation nun besonders günstig.
- Der Mond begünstigt heute auch noch alle Malerarbeiten sowie aufwendigere Reparaturen am Dach.

9
Dienstag

08.42

Elementegruppe: **Luft**
Besondere Nahrungsverträglichkeit: **Fett**
Beeinflusster Pflanzenteil: **Blüte**
Dominierte Körperregionen: ***Unterschenkel, Venen***

Gegen den Schädlingsbefall, für die Rosenpracht

- Gehen Sie durch Ihren Garten, und kontrollieren Sie an den Obstbäumen, ob die Leimringe gegen Raupenbefall noch funktionstüchtig sind.
- Müssten wieder einmal die Kletterrosen ausgedünnt oder die Wildrosen zurückgeschnitten werden? Mondstand sowie -phase sind gut geeignet!

10
Mittwoch

Bis alles leuchtet und duftet

- Wer heute den großen Frühjahrsputz erledigen will, hat einen sehr guten Mondtermin dafür gewählt. Danach wird es wieder überall strahlen.
- Die Mondkonstellation ist ideal, um wieder einmal ausgiebig zu lüften. Bei schönem Wetter lassen Sie am besten den ganzen Tag die Fenster auf!

Tipp Der abnehmende Mond im Wassermann fördert die Kreativität. Daher sind nun alle künstlerischen Tätigkeiten besonders günstig.

11
Donnerstag

15.45

Eine Chance

An diesem Wassermanntag könnte man Sie mit einem Angebot überraschen, das Sie vor neue und große Herausforderungen stellt. Zögern Sie nicht, es anzunehmen. Das Potenzial haben Sie ja!

Leistung allein genügt nicht.
Man muss auch jemanden finden, der sie anerkennt.

Lothar Schmidt

12
Freitag

Elementegruppe: ***Wasser***
Besondere Nahrungsverträglichkeit: ***Kohlenhydrate***
Beeinflusster Pflanzenteil: ***Blatt***
Dominierte Körperregionen: ***Füße, Zehen***

Positiv

- Nützen Sie noch schnell diese Mondphase, wenn Sie etwas putzen müssen. Bei zunehmendem Mond sind Reinigungsarbeiten nämlich nicht so begünstigt.
- Wenn der Mond in den Fischen steht, ist man auch in der Küche besonders erfinderisch. Beweisen Sie wieder mal Ihre Kochkünste.
- Die mentale Nähe zum Partner ist heute sehr intensiv. Das stärkt Sie: So können Sie bei anderen leichter über manches Ärgernis hinwegsehen.

Negativ

Geldangelegenheiten zu regeln ist bei dieser Mondkonstellation weniger zu empfehlen. Warten Sie besser auf die kommenden Stiertage!

13
Samstag

11.22

Job

Die momentanen Mondeinflüsse begünstigen nicht gerade Projekt- und schon gar keine Budgetplanungen. Vertagen Sie das besser erst einmal.

Haus und Garten

- Lassen Sie heute möglichst die »Backstube« kalt. Ein Brot- oder Kuchenteig würde nämlich mit großer Wahrscheinlichkeit nicht richtig aufgehen.
- Ist noch Wintergemüse, wie Feldsalat, Grün- oder Rosenkohl, zu ernten? An einem Fischetag Geerntetes sollte stets gleich verbraucht werden!

Freizeit

Vermeiden Sie bei dieser Mondkonstellation allzu ausufernde Freizeitaktivitäten. Egal, was Sie vorhaben – Sie sollten es mit nichts übertreiben.

14 Sonntag

00.45

***Elementegruppe:* Feuer**
***Besondere Nahrungsverträglichkeit:* Eiweiß**
***Beeinflusster Pflanzenteil:* Frucht**
***Dominierte Körperregionen:* Kopf, Gesicht**

Vorbereitung
Fruchtpflanzen wie Tomaten und Paprika brauchen es jetzt noch ziemlich warm. Deshalb sollte man sie auch auf dem Fensterbrett vorkultivieren.

Sinnlichkeit
Wahrscheinlich sind Sie heute in erotischen Dingen voller Tatendrang. Nur zu, aber akzeptieren Sie die Grenzen, die Ihnen gesetzt werden!

Für Körper und Geist
Jetzt ist Wochenende. Haben Sie an diesem Widdertag Lust, etwas Größeres zu unternehmen? Tanzen oder ins Theater gehen ist jetzt ganz besonders zu empfehlen!

15 Montag

Entzündete Augen
Besonders bei diesem Mondstand oft ein Problem: Da können Kompressen sehr wirksam sein, die mit einem Sud aus Leinkraut oder Spitzwegerich getränkt worden sind.

Starke Gefühle
Heute empfinden Sie sehr deutlich alle Gemeinsamkeiten, die Sie mit dem Partner immer schon verbinden. Deshalb sind Sie voller Leidenschaft für ihn. Freuen Sie sich auch, wenn es Ihnen an diesem Widdertag problemlos gelingt, den anderen von Ihren neuen Ideen zu überzeugen. Nützen Sie das aber keinesfalls aus!

Alles auf jegliche Weise fühlen,
mit den Gefühlen zu denken verstehen und mit dem Denken zu fühlen.

Fernando Pessoa

11 . Woche 2021

März

Elementegruppe: **Erde**
Besondere Nahrungsverträglichkeit: **Salz**
Beeinflusster Pflanzenteil: **Wurzel**
Dominierte Körperregionen: **Kiefer, Hals, Nacken**

16 Dienstag

11.57

Familienzeit
Der Stiermond öffnet die Herzen! Jetzt fällt es Ihnen leicht, Ihren Lieben zu zeigen, wie unentbehrlich sie für Sie sind: Mit dem Partner plaudern, mit den Kindern spielen, mit der ganzen Familie etwas unternehmen wäre an diesen Tagen sehr empfehlenswert!

17 Mittwoch

Garten
- Das Pflanzen von Obstbäumen, wie z. B. Apfel oder Kirsche, ist zurzeit immer noch möglich und bei dieser Mondkonstellation besonders günstig.
- Auch die Frühjahrspflanzung von Aprikose, Pfirsich, Nektarine und Quitte kann man zurzeit noch erfolgreich durchführen.

Tipp Erdtage bei zunehmendem Mond sind die besten Termine, um in finanziellen Angelegenheiten die nötigen Entscheidungen zu treffen.

18 Donnerstag

An Stiertagen sollten Sie immer Ihren **Hals** schützen – vor allem während der Übergangszeiten, wenn man oft die Temperaturen falsch einschätzt.

Für einen **Vertragsabschluss** ist diese Mondphase sehr geeignet. Worauf also warten, wenn alles genauestens überlegt und besprochen ist?

Sie haben **eingewachsene Nägel**? Dieses Problem ist lösbar. Die momentane Mondkonstellation begünstigt eine Korrektur.

19
Freitag

00.48

Josefitag

Elementegruppe: **Luft**
Besondere Nahrungsverträglichkeit: **Fett**
Beeinflusster Pflanzenteil: **Blüte**
Dominierte Körperregionen: **Schultern, Arme, Hände**

Mond und Haushalt

- Die Impulse des Mondes erleichtern das Aufräumen. Sorgen Sie für die nötige Ordnung, dann können Sie Ihre vier Wände ganz neu genießen.
- Mondphase und -stand sind für Reinigungsarbeiten eher ungünstig. Und auch das Lüften sollten Sie momentan nicht gerade übertreiben.

20
Samstag

Frühlingsanfang

Mond und Gesundheitsrisiken

- An Zwillingetagen (vor allem bei zunehmendem Mond) ist das Risiko für rheumatische Beschwerden erhöht. Passen Sie auf Ihre Bewegungen auf, und meiden Sie vor allem Zugluft.
- Und gegen Bronchitis, deren Symptome jetzt auch verstärkt auftreten können, hilft die Inhalation von 5 Tropfen Teebaumöl in einer Schüssel mit heißem Wasser. Beim Inhalieren sollten Sie aber unbedingt immer genügend Abstand halten!

21
Sonntag

15.42

13.19

Der Zwillingemond ist nun Ihr perfekter Begleiter – ob Sie den ganzen Tag verreisen oder nur einen kurzen Verwandtschaftsbesuch abstatten.

Überlegen Sie jetzt, wie Sie bei einer baldigen Besprechung kompromissbereit bleiben können, ohne zu weit von Ihren Vorstellungen abzurücken.

Ein redlich Wort macht Eindruck, schlicht gesagt.

Shakespeare

22
Montag

Elementegruppe: ***Wasser***
Besondere Nahrungsverträglichkeit: ***Kohlenhydrate***
Beeinflusster Pflanzenteil: ***Blatt***
Dominierte Körperregionen: ***Magen, Lunge, Galle, Leber***

Menschenfreund
An Krebstagen fällt es den meisten leichter, ihre guten Seiten zur Geltung zu bringen. Beweisen Sie Ihren Mitmenschen zwei Wochen vor Ostern doch mal, was alles in Ihnen steckt!

Der edle Mensch ist frei von Betrübnis und frei von Furcht.
Konfuzius

Wassertage
Falls bei Ihnen diesbezüglich gerade etwas ansteht: Bei zunehmendem Mond in Krebs, Skorpion und Fische verläuft die Installation oder Reparatur einer Wasser- bzw. Heizanlage am erfolgreichsten.

23
Dienstag

22.57

Phantasie
Brauchen Sie gute Ideen für ein neues Projekt? Denken Sie vor allem in den Stunden von 6.15 bis 8.15 Uhr darüber nach, wenn Mond und Neptun ein Trigon bilden. Sie werden mit den Einfällen sehr zufrieden sein!

Säen, pflanzen, kochen
- Nützen Sie die Mondkonstellation für das Säen bzw. Pflanzen von Blattgemüse und -kräutern (z. B. Petersilie und Spinat), um bald ernten zu können.
- Wenn Sie bei diesem Mondstand selbst kochen, was begünstigt ist, sollten Sie Ihren Magen aber nach Möglichkeit schonen und mit Gewürzen eher sparsam umgehen.

Der richtige Weg
An Krebstagen ist die Empfindsamkeit sehr ausgeprägt. Man kann das z. B. nutzen, um sich selbst ein Stück näher zu kommen, und meditieren.

24 Mittwoch

Elementegruppe: ***Feuer***
Besondere Nahrungsverträglichkeit: ***Eiweiß***
Beeinflusster Pflanzenteil: ***Frucht***
Dominierte Körperregionen, -funktionen: ***Herz, Kreislauf, Blutdruck***

Einkommen
Dieser Feuertag wäre gut, um wegen einer Gehaltserhöhung zu verhandeln. Ihre Argumente hätten jetzt das nötige Gewicht!

Der Garten ruft
- Mondstand und -phase sind günstig für die Aussaat von Fruchtgemüse, z. B. Gurken, Tomaten oder Zucchini. Aber bitte immer noch unter Glas!
- Vergessen Sie nicht, Ihre neue Saat jetzt auch zu schützen. Besorgen oder basteln Sie sich deshalb ein paar Vogelscheuchen.
- Möchten Sie noch neuen Rasen anlegen? Wenn der zunehmende Mond in Löwe oder Jungfrau steht, ist das Säen begünstigt.

25 Donnerstag

Souveränität
Stellen Sie heute nicht Ihr Licht unter den Scheffel, sondern ziehen Sie alle Register Ihres Könnens. Und falls nötig, müssen Sie improvisieren, um zu beweisen, welch ein Meister Ihres Fachs Sie sind! Der Löwemond verleiht hierfür sicher auch einige starke Impulse.

Direktheit
Sie wollen beim Partner etwas Bestimmtes erreichen, aber an diesem Löwetag nicht erst groß darüber diskutieren? Fordern Sie es nicht einfach, sondern bitten Sie darum!

Mondpause
Dieses Mal beginnt sie um 14.29 Uhr und zieht sich 14 Stunden lang hin. Mondpause und dazu noch der Stand im Löwen: Da ist der Musikgenuss ein ganz besonderer. So herrschen also beste Voraussetzungen für einen großen Opern- oder Konzertabend.

26
Freitag

04.27

Elementegruppe: **Erde**
Besondere Nahrungsverträglichkeit: **Salz**
Beeinflusster Pflanzenteil: **Wurzel**
Dominierte Körperfunktionen: **Stoffwechsel, Verdauung**

Chancen im Job

Aufgrund des Mondstands können bei Verkäufen gute Abschlüsse erzielt werden. Gute Bedingungen bestehen auch für die Einkaufsplanung.

Erfolgreiches Einkaufen

Begeben Sie sich mal wieder auf Schnäppchenjagd. Die Chancen sind groß, dass Sie an diesem Jungfrautag eine glückliche Hand haben werden.

Vorsicht!

Jetzt herrscht die falsche Mondkonstellation, um ausgiebig das Bettzeug zu lüften. Es besteht nämlich die nicht geringe Gefahr, dass dadurch Feuchtigkeit angezogen wird.

27
Samstag

Mond und Gesundheit

- Heute sollte man einmal Kaffee durch Tee ersetzen – möglichst durch grünen. Das trägt vor allem jetzt gut zur Vorbeugung von Arteriosklerose bei!
- Sind Sie Opfer des Märzwetters, fühlen sich sogar etwas angeschlagen? Bei dieser Mondkonstellation ist ein heilendes Bad besonders wirksam.

! Verbissenheit ist heute der völlig falsche Weg, um sein Ziel zu erreichen. Analysieren Sie zunächst die Situation, die Chancen sowie Schwierigkeiten. Und legen Sie sich dann eine Strategie zurecht, die Ihnen helfen, aber niemandem schaden kann.

Privatleben

Sagen Sie Ihrem Partner nicht gerade heute die Meinung. Jungfrautage sind für Aussprachen völlig ungeeignet, weil man meist zu emotional reagiert!

28 Sonntag

20.49

07.23

Palmsonntag **Sommerzeitbeginn**

Elementegruppe: **Luft**
Besondere Nahrungsverträglichkeit: **Fett**
Beeinflusster Pflanzenteil: **Blüte**
Dominierte Körperregionen: **Hüfte, Nieren, Blase**

Gesundheit
Wer sich bei der jetzigen Mondkonstellation nicht ausreichend warm hält und nicht genügend trinkt, erhöht das Risiko einer Blasenentzündung.

Partnerschaft
Besonders heute spüren Sie sehr deutlich, wie groß Ihre seelische Nähe zum anderen ist. Denn Mondstand und -phase tragen zu starken Gefühlen bei. Sie genießen nun das Zusammensein in vollen Zügen!

Entscheidungskraft?
Haben Sie einen wichtigen Entschluss zu fassen? Vertagen Sie das besser! An Waagetagen ist es ohnehin nicht leicht, sich zu entscheiden.

29 Montag

Aussehen
In dieser Mondphase ist die Tiefenreinigung der Gesichtshaut günstig: z. B. mit einer Maske aus etwas weißem Ton und 1/4 l Kornblumenblüten-Sud.

Haushalt
Neben den typischen Reinigungsarbeiten ist nun wieder Folgendes sehr begünstigt: alle Streich- und Lackierarbeiten sowie das Polieren von Metallen. Man sollte bei dieser Mondkonstellation auch nach dem Obstlager sehen, es gründlich lüften und alle fauligen Früchte entfernen.

Freizeit
Die Tipps für heute sind: zusammen mit ein paar Freunden kochen, ins Theater bzw. Kino gehen oder auch ein Konzert besuchen.

30
Dienstag

07.35

***Elementegruppe:* Wasser**
***Besondere Nahrungsverträglichkeit:* Kohlenhydrate**
***Beeinflusster Pflanzenteil:* Blatt**
***Dominierte Körperregionen:* Sexualorgane, Harnleiter**

! Wer heute zu große Schritte macht, stolpert leicht über seine eigenen Füße. Ganz gleich, was Sie sich vorstellen – versuchen Sie nichts mit Gewalt zu erreichen.

Achtung!

- Wenn der Mond in einem Wasserzeichen steht, sollten Sie sich nicht zu einer übereilten finanziellen Entscheidung drängen lassen.
- Überlegen Sie bei diesem Mondstand besser zweimal, ob Sie sich wegen ein paar Kleinigkeiten beschweren. So vermeiden Sie unnötigen Streit.

Die eigene Art ist des Menschen Dämon.

Heraklit

31
Mittwoch

Gutes Körpergefühl

- Seit vorgestern nimmt der Mond erneut ab. Das bedeutet, dass Fasten- und Schlankheitskuren jetzt leichter fallen und letztlich erfolgreicher sind.
- Ein Baldrianbad entspannt bei dieser Mondkonstellation sehr: 3 EL Tinktur aus diesem Kraut im Badewasser wirken ungemein beruhigend.

Putzen, waschen, …

Im Haushalt werden Ihnen nun wieder viele Tätigkeiten leichter fallen. Die Phase des abnehmenden Mondes sorgt für günstige Voraussetzungen.

Und weiter geht's im Garten

- Jetzt sollten Sie Kopfsalat besser noch unter Folie aussäen. Anders verhält es sich mit Kohl für den Herbstanbau: Der kann nun schon ins Freie.
- Nützen Sie diese Mondphase, um – falls nötig – gegen Schädlinge vorzugehen. Aber ohne Chemie! Wenden Sie besser Kräuterjauchen an.

1 Donnerstag

08.00

Gründonnerstag

Elementegruppe: ***Feuer***
Besondere Nahrungsverträglichkeit: ***Eiweiß***
Beeinflusster Pflanzenteil: ***Frucht***
Dominierte Körperregionen: ***Oberschenkel, Venen***

Auf den Körper achten!

- An Schützetagen ist das Risiko einer Ischiasreizung erhöht. Heilpflanzen, wie z. B. Brennnessel, Holunder und Wacholder, bieten da erfahrungsgemäß eine echte Hilfe.
- Wenn Sie heute ziemlich viel unterwegs sind, sollten Sie zwischendurch Ihre Beinmuskulatur etwas massieren. Das sorgt für die nötige Lockerung.

In Garten und Haus

- Haben Sie im letzten Herbst neue Obstbäume gepflanzt? Die könnten bei dieser Mondkonstellation jetzt einen optimalen Pflanzschnitt bekommen.
- Spätestens nun ist es an der Zeit, das Fahrrad wieder »auszupacken«. Der abnehmende Schützemond hilft beim Säubern und Herrichten.

2 Freitag

Karfreitag

In Balance

Hatten Sie in letzter Zeit mit jemandem ein paar Differenzen? Schützemond und Venus im Trigon erleichtern es Ihnen in der Zeit von 7.57 bis 9.57 Uhr, die verschiedenen Aspekte des Konflikts besser zu verstehen. Und zu einem guten Friedensangebot ist es dann nur noch ein Schritt!

Auch am Feiertag fleißig

- Sie wollen heute gärtnern? Nützen Sie die Mondkonstellation, um Obst und Fruchtgemüse zu düngen, das es nötig hat.
- Haben Sie vor, selbst Brötchen für das Feiertagsfrühstück zu backen? Der Mondstand trägt jedenfalls dazu bei, dass es sehr gut gelingen wird.

In Bewegung

Für alle, die über Ostern verreisen möchten, ist dieser Termin ideal für einen Reiseantritt. Also schnell die Koffer packen – und dann los!

3 Samstag

10.14

Elementegruppe: Erde
Besondere Nahrungsverträglichkeit: Salz
Beeinflusster Pflanzenteil: Wurzel
Dominierte Körperregionen: Knie, Haut, Knochen

Gartenarbeit
Haben Sie schon Wurzelgemüse (wie Mairüben, Rettich und Radieschen, Möhren, Lauch, Rote Bete oder Zwiebeln) ins Freiland gesät? Bei dieser Mondkonstellation ist das jedenfalls begünstigt – ebenso wie das Sammeln bzw. Ernten von heilenden Wurzelkräutern.

4 Sonntag

12.04

Ostersonntag

Setzen Sie sich heute nicht an den Schreibtisch, sondern erfüllen Sie ein der Familie gegebenes Versprechen. Das ist mit Sicherheit das schönste Ostergeschenk, das Sie machen können. Und der Steinbockmond unterstützt Sie auch dabei!

Die besten Reformer, die die Welt je gesehen hat,
sind die, die bei sich selbst anfangen.

George Bernard Shaw

5 Montag

15.05

Ostermontag

Muße
Leisten Sie sich zur Feier des Tages einen Theaterbesuch. Oder greifen Sie zumindest zu erbaulicher Lektüre. Bei diesem Mondstand der pure Genuss!

Ausgeglichenheit
Von 20.20 bis 22.20 Uhr (Mond-Merkur-Sextil) herrscht in Ihrer Beziehung oder beim Umgang mit Freunden eine sehr angenehme Stimmung. Das sorgt für einen perfekten Ausklang dieses Festtags.

6 Dienstag

Elementegruppe: ***Luft***
Besondere Nahrungsverträglichkeit: ***Fett***
Beeinflusster Pflanzenteil: ***Blüte***
Dominierte Körperregionen: ***Unterschenkel, Venen***

Mond und Körper
Wirken Sie den bei diesem Mondstand vielleicht besonders schmerzhaften Venenbeschwerden durch kalte Unterschenkelgüsse entgegen.

Mond und Berufliches
Sie verlieren unter dem Einfluss des Wassermannmondes nicht aus den Augen, was wesentlich und was nur Beiwerk ist. Darum wird Ihnen die heutige Arbeit auch keine Probleme bereiten.

Mond und Blumen
Immergrüne Polsterstauden, die ihre Blüte schon hatten, sollte man nun zurückschneiden, da die Mondkonstellation dafür sehr geeignet ist.

7 Mittwoch

22.32

Um 12.06 Uhr beginnt eine gut zehn Stunden lange **Mondpause**.
Ihr Wissensdurst und das Interesse an einer neuen Aufgabe sind so groß, dass Sie heute sehr schnell vorankommen können. Sie dürfen sich nur nicht aufgrund eines gewissen Zeitdrucks nervös machen lassen und die Konzentration verlieren. Und Sie sollten das Erarbeitete kontinuierlich auf eventuelle Fehler hin überprüfen!

Beruflich wie privat
Wenn Sie diplomatisch genug sind, ergeben sich heute wegen Banalitäten auch keine Differenzen, die jedem letztlich nur Energie rauben würden.

Lass dich vom Verstande leiten,
aber verletze nicht die heilige Schranke des Gefühls.
Otto Ludwig

8
Donnerstag

Elementegruppe: Wasser
Besondere Nahrungsverträglichkeit: Kohlenhydrate
Beeinflusster Pflanzenteil: Blatt
Dominierte Körperregionen: Füße, Zehen

Tipp Die jetzige Mondkonstellation unterstützt Sie u. a. beim Fensterputzen, Fensterrahmenreinigen und Entfernen hartnäckiger Flecken in Textilien.

Fischetage sind Tage der **Kreativität**. Ob Sie Maler, Schriftsteller, Musiker sind oder nur einen Brief schreiben wollen – Sie haben etwas mitzuteilen!

Künstler sind die Fühlhörner der Menschheit.

Ezra Pound

Perfekter Feierabend
Beschließen Sie den Arbeitstag mit einem Vollbad, dem Sie eines Ihrer liebsten Duftöle zusetzen. Gönnen Sie sich diese halbe Stunde Urlaub!

9
Freitag

Vorsicht!
- Lehnen Sie es ab, an diesem Fischetag übereilt einen Vertrag abzuschließen. Es ist nämlich besser, über alles noch mal in Ruhe nachzudenken.
- Überlegen Sie es sich heute genau, ob Sie den Partner beschuldigen. Und beherzigen Sie, dass auch Sie einen Fehler gemacht haben könnten!

Gartenarbeit
- Nützen Sie den abnehmenden Mond in einem Wasserzeichen, um auf den Beeten wieder einmal Gründüngung zu säen bzw. einzuarbeiten.
- Bei einem Rundgang durch Ihren Garten sollten Sie auch einmal alle Schnecken entfernen, die sich schon auf den Beeten breitgemacht haben.

Entspannung und Kräftigung zugleich
Versorgen Sie sich am Abend durch eine Meditation mit neuer Energie. Ansonsten sollten Sie einfach das tun, was Ihnen Ihr Gefühl sagt.

10
Samstag

08.12

***Elementegruppe:* Feuer**
***Besondere Nahrungsverträglichkeit:* Eiweiß**
***Beeinflusster Pflanzenteil:* Frucht**
***Dominierte Körperregionen:* Kopf, Gesicht**

! Seien Sie sich Ihrer selbst heute nicht so sicher, halten Sie sich auch mit Spott über andere zurück! Sonst werden Sie in Ihrer Meinung womöglich schneller erschüttert, als Ihnen recht sein kann.

Was vernünftig ist, das ist wirklich;
und was wirklich ist, das ist vernünftig.
Georg Wilhelm Friedrich Hegel

Die Vernunft siegen lassen!

- Mit Starrsinn kommen Sie jetzt keinen Schritt voran. Erweisen Sie sich an diesem Widdertag als umgänglich, dann haben Sie die Kollegen eher auf Ihrer Seite.
- Manchmal muss man sich ganz klar entscheiden! Möchten Sie heute mit allen Mitteln Ihren Willen durchsetzen oder sich das Wohlwollen im Freundeskreis bewahren?

Der richtige Schritt

Müssen Sie übers Wochenende einen Vertrag unterschreiben? Nehmen Sie sich die Zeit und lesen Sie bei diesem Mondstand alles noch mal ganz genau durch, bevor Sie es tun.

Arbeit in Haus und Garten

- Lüften Sie wieder mal vom Dach bis zum Keller alle Räume und Schränke gründlich durch. Die Mondkonstellation ist wunderbar dafür geeignet.
- Apfelbäume, die ziemlich schnell und stark wachsen, sollten noch vor der Blüte zurückgeschnitten werden. Dieser Fruchttag ist günstig dafür.
- Die Samenstände an den abgeblühten Zwiebelblumen sollten noch in dieser Mondphase entfernt werden. Alles welkende Laub lässt man aber besser vorerst dran.

Aufbruch

Ob Sie heute eine größere Reise antreten oder abends nur einen kleinen Ausflug unternehmen – der Widdermond ist Ihnen ein guter Weggefährte.

11
Sonntag

Elementegruppe: **Feuer**
Besondere Nahrungsverträglichkeit: **Eiweiß**
Beeinflusster Pflanzenteil: **Frucht**
Dominierte Körperregionen: **Kopf, Gesicht**

Die richtige Lebensführung an Widdertagen

- Haben Sie nicht mal wieder richtig Lust auf Gemüse? Hülsenfrüchte sowie rote Gemüse, Zucchini und Auberginen sind jetzt besonders bekömmlich.
- Reduzieren Sie die Genussmittel bzw. verzichten Sie ganz drauf – das senkt das Migränerisiko. Und Vorsicht – bei diesem Mondstand ist die Empfindlichkeit der Augen erhöht!

Zwischenmenschliches

- Dieser Widdertag ist wie geschaffen für einen heißen Flirt. Setzen Sie jetzt ganz auf Ihre tolle Ausstrahlung, dann brauchen Sie keine Strategie.
- Begeben Sie sich heute unter Leute. Ob Sie dabei die alten Bekanntschaften pflegen oder ganz neue machen – Sie werden sich sehr wohlfühlen!

12
Montag

04.32

19.45

Neumond im Allgemeinen

Die Zeit um Neumond hilft einem dabei, auch Dinge beherzt in Angriff zu nehmen, vor denen man sich bisher eher gescheut hat. Packen Sie's an!

Neumond im Garten

- In dieser Mondphase ist vor allem der radikale Rückschnitt von erkrankten Pflanzen zu empfehlen. Die Chance, dass sie danach wieder gesund werden, ist nämlich sehr groß.
- Sind am Gartenzaun Pfosten gerissen oder auf den Gartenwegen Platten gesprungen? Dann ist es jetzt sehr günstig, solche Schäden zu beheben.

Auch was wir am meisten sind, sind wir nicht immer.

Marie von Ebner-Eschenbach

13
Dienstag

Elementegruppe: Erde
Besondere Nahrungsverträglichkeit: Salz
Beeinflusster Pflanzenteil: Wurzel
Dominierte Körperregionen: Kiefer, Hals, Nacken

Die richtige Ernährung
Der Stiermond beeinflusst u.a. den Blutkreislauf. Besonders gesund sind nun blutbildende Wurzelgemüse, z.B. Rote Bete oder Zwiebeln.

Stiertag und neuer Optimismus

- Auch wenn Sie zurzeit an so manchem zweifeln – die heutigen Erfahrungen veranlassen Sie, verstärkt an die menschliche Natur zu glauben.
- Sie lassen sich nun genügend Zeit, um einige berufliche Angebote genau zu prüfen. So treffen Sie mit Sicherheit die richtige Entscheidung.

Zweifeln ist Suchen, nicht Ratlosigkeit.

Hans A. Pestalozzi

14
Mittwoch

Ideal
Von 16.05 bis 18.05 Uhr sind Neptun und Mond durch ein Sextil vereint, um Sie dabei zu unterstützen, etwas besonders Phantasiereiches zu schaffen. Vertun Sie diese beiden Stunden nicht mit Nebensächlichkeiten!

Kontaktfreude
Gibt es bei Ihnen wichtige Veränderungen privater oder beruflicher Natur? Zögern Sie nicht, sprechen Sie nun mit Ihrem Partner oder der ganzen Familie über die Zukunft.

Freizeitgestaltung
Die Phase des zunehmenden Mondes ist die beste Zeit, um sich auszuruhen und wieder Kraft zu tanken. Beispielsweise bei einem geliebten Hobby, das vor allem an Stiertagen sehr viel Freude bereitet.

15 Donnerstag

08.36

Elementegruppe: ***Luft***
Besondere Nahrungsverträglichkeit: ***Fett***
Beeinflusster Pflanzenteil: ***Blüte***
Dominierte Körperregionen: ***Schultern, Arme, Hände***

Mond und Schönheit

- Zwillingetage sind für das Tönen oder Färben der Haare sehr gut geeignet. Vielleicht möchten Sie ja passend zur Jahreszeit Ihren Typ verändern!
- Sind Sie momentan mit Ihrem Gewicht unzufrieden? Wenn Sie abnehmen wollen, sollten Sie besonders jetzt auf fettreiche Kost verzichten!

16 Freitag

Bronchitis kann bei diesem Mondstand verstärkt auftreten. Der Genuss von Fenchel, Sellerie, Radieschen und Basilikum kann da lindernd wirken.

Für einen blühenden Garten

- Falls noch nicht geschehen: Wenn der zunehmende Mond in einem Blütenzeichen steht, ist das Einpflanzen von Dahlien und Gladiolen günstig.
- Nun ist die richtige Zeit, um Stauden zu pflanzen, die keine Herbstpflanzung vertragen. Sie werden sich dann mit Sicherheit gut entwickeln.

17 Samstag

21.26

Bereiten Sie zurzeit eine Werbekampagne vor? Notieren Sie sich jetzt Ihre spontanen **Einfälle**, besonders wenn Sie damit Neuland beschreiten.
Sie lassen sich heute von niemandem löchern. **Neugier** jedweder Art prallt einfach an Ihnen ab. Denn Ihre Geheimnisse behalten Sie für sich!

Ein facettenreicher Tag

Zwillingetage sind meist nicht sehr beschaulich – zu viele Eindrücke, Gedanken, Gefühle. Lassen Sie abends den Tag in Ruhe Revue passieren!

18
Sonntag

***Elementegruppe:* Wasser**
***Besondere Nahrungsverträglichkeit:* Kohlenhydrate**
***Beeinflusster Pflanzenteil:* Blatt**
***Dominierte Körperregionen:* Magen, Lunge, Galle, Leber**

Krebsmond und Gesundheit

- In dieser Mondphase ist die Wahrscheinlichkeit zuzunehmen größer. Vermeiden Sie daher an den folgenden Krebstagen zu viele Kohlenhydrate.
- Sie rauchen? Tun Sie Ihrer Lunge etwas Gutes und reduzieren Sie zumindest bei dieser Mondkonstellation Ihren Tabakkonsum.

Krebsmond und Kontakte

- Haben Sie zurzeit viel negativen Stress? Falls ja, dürfen Sie nicht alles mit sich selbst abmachen. Dieser Mondstand ist gut geeignet, um sich mal jemandem anzuvertrauen.
- Krebstage sind günstige Termine, um Probleme in der Familie zu regeln. Nun sind Sie sicher ein guter Zuhörer und fairer »Richter«.

19
Montag

! Demonstrieren Sie heute keine radikale Entschlossenheit. Bedenken Sie, dass das, was Sie als selbstverständlich erachten, von anderen als maßlos angesehen werden könnte. Bleiben Sie also immer schön diplomatisch!

Arbeit im Garten

- Stehen in Ihrem Garten ein paar Wasserbaumaßnahmen an – z. B. am Teich oder an den Leitungen? Der Mond wird Ihnen die Arbeit erleichtern.
- Jetzt ist es empfehlenswert, einjährige Blattkräuter zu säen, wie beispielsweise Petersilie, Schnittlauch oder auch Basilikum.
- Die Mondkonstellation ist aber auch günstig, um mehrjährige Kräuter zu setzen: z. B. Estragon, Pfefferminze, Salbei, Thymian, Zitronenmelisse.

Gärtnern im Haus

Vielleicht ziehen Sie auf der Fensterbank ja Küchenkräuter? Dieser Wassertag ist für die Ernte der Blätter ein sehr guter Termin. Aber gleich verwerten!

20
Dienstag
09.00
08.12

***Elementegruppe:* Feuer**
***Besondere Nahrungsverträglichkeit:* Eiweiß**
***Beeinflusster Pflanzenteil:* Frucht**
***Dominierte Körperregionen, -funktionen:* Herz, Kreislauf, Blutdruck**

Anbau und Ernte

- Bald ist Mai. Mögen Sie Maibowle? Der für das Ansetzen nötige Waldmeister steht schon gut im Saft. Ernten Sie ihn gleich!
- Lust auf etwas exotischeres Obst? Die Mondkonstellation begünstigt es, Kiwi, Beerensträucher, aber auch Wein zu pflanzen.

21
Mittwoch

Auf die Gesundheit Wert legen

- Das Tierkreiszeichen Löwe dominiert Herz und Kreislauf. Empfehlenswert wären jetzt z. B. alle Gerichte mit Bohnen, Mais, Paprika oder Tomaten. Denn diese Gemüse tragen zur Kräftigung von Herz und Kreislauf bei.
- Und ernähren Sie sich momentan überhaupt bewusster als sonst: Greifen Sie immer, wenn Sie Lust auf Schokolade haben, zu einem Stück Obst.
- Vermeiden Sie es nun, die meiste Zeit kaum Bewegung zu haben, fast nur zu sitzen. Sonst meldet sich bei Löwemond schon bald der Rücken!

22
Donnerstag
15.09

Zu beachten

- Trotz Mondkonstellation nicht selbstherrlich auftreten, wenn Sie etwas erreichen wollen! Tragen Sie Ihre Argumente freundlich vor, dann klappt es.
- Vielleicht haben Sie heute ja ganz spontan einige Ideen, Ihre Wohnung zu verschönern. Schlafen Sie aber erst mal darüber, eh Sie wirklich damit anfangen. Das kann Ihnen ein böses Erwachen ersparen!
- Geduld ist bei diesem Mondstand nicht jedermanns Sache. Deshalb sollte man besser Reparaturen unterlassen, die sehr viel Genauigkeit erfordern.

23
Freitag

Welttag des Buches

Elementegruppe: ***Erde***
Besondere Nahrungsverträglichkeit: ***Salz***
Beeinflusster Pflanzenteil: ***Wurzel***
Dominierte Körperfunktionen: ***Stoffwechsel, Verdauung***

Ballaststoffe
Jetzt durchwandert der Mond die Jungfrau. Da ist es sehr wichtig, sich ballaststoffreich zu ernähren. Greifen Sie beispielsweise auf Äpfel, Erbsen, Knäckebrot und Leinsamen zurück.

Säen, pflanzen, legen
- Wenn Sie beabsichtigen, in Ihrem Garten die eine neue Rasenfläche anzusäen, könnten Sie gleich diese Mondkonstellation dafür nutzen.
- Vielleicht haben Sie ja gerade die nötige Muße für Ihre Zimmer- und Balkonblumen. Momentan sind die Pflanzung und das Umtopfen günstig.
- Bauen Sie selbst Kartoffeln an? Bei diesem Mondstand ist es z. B. günstig, vorgekeimte Kartoffeln in die Saatrillen zu legen und anzuhäufeln.

24
Samstag

18.07

Vorsicht walten lassen!
Schnell ist etwas gesagt, das nicht so gemeint war, wie es aufgefasst wird. Überlegen Sie sich bei diesem Mondstand jedes kritische Wort zweimal!
Und sagen Sie es dem Partner besser klar und deutlich, wenn Sie heute lieber für sich sein wollen. Ein fauler Kompromiss könnte nämlich schnell zum Streit führen!

Für Ordnung sorgen!
An diesem Jungfrautag wäre alles von Nutzen, was wieder etwas mehr Ordnung schafft – ob im Büro oder zu Hause. Wartet beispielsweise Ihr Steuerberater oder etwa das Finanzamt auf Unterlagen? Stellen Sie jetzt alles zusammen, was gebraucht wird.
Überprüfen Sie auch, ob Sie überfällige Rechnungen zu begleichen haben, und erledigen Sie das Nötige.

25
Sonntag

Elementegruppe: ***Luft***
Besondere Nahrungsverträglichkeit: ***Fett***
Beeinflusster Pflanzenteil: ***Blüte***
Dominierte Körperregionen: ***Hüfte, Nieren, Blase***

Mond und Gesundheit

- Wer im Nieren- und Blasenbereich anfällig ist, sollte über den Tag verteilt zwei bis drei Liter Tee oder Wasser trinken. Das beugt Störungen vor.
- Alle Maßnahmen zur Ernährung der Haut sind zurzeit besonders wirksam. Das wird noch bis einschließlich des Vollmondtags so sein.

Frühlingsgefühle

An diesem Waagetag fällt es Ihnen ziemlich leicht, das andere Geschlecht mit Ihrem Charme zu betören. Man wird Ihnen kaum was ausschlagen können. Haben Sie vielleicht einen neuen Schwarm? Laden Sie ihn doch zum Abendessen ein, und warten Sie ab, was passiert. Liebe geht ja immer noch durch den Magen!

26
Montag

18.19

Was nun in Garten und Haus lohnt

- Das Säen bzw. Pflanzen von Blumen und Brokkoli ist bei dieser Mondkonstellation günstig. Und stampfen Sie auch wieder einmal Ihren Komposthaufen fest.
- Bei diesem Mondstand ist außerdem das Lüften von Räumen, Schränken, Garderobe und Bettzeug empfehlenswert.

Mitten im Leben

Waagetage sind in aller Regel sehr harmonisch – für Freundschaften und Beziehungen aller Art.
Kreative Tätigkeiten sowie ein Opern- oder Konzertbesuch sind für heute die besten Freizeitempfehlungen. Oder möchten Sie lieber ins Kino?

Freude ist der Wind in den Segeln des Lebens.

Felix Esser

27
Dienstag

05.33

Elementegruppe: **Wasser**
Besondere Nahrungsverträglichkeit: **Kohlenhydrate**
Beeinflusster Pflanzenteil: **Blatt**
Dominierte Körperregionen: **Sexualorgane, Harnleiter**

Träume sind keine Schäume
Träume in Skorpion-Vollmondnächten vermitteln ganz besondere Erkenntnisse. Beschäftigen Sie sich mit dem, was Sie am Morgen noch wissen!

Tipp Jetzt sind das Düngen und Wässern von Pflanzen begünstigt. Alle anderen Gartenarbeiten sollten Sie bei Vollmond getrost ruhen lassen.

Nun ist Augenmaß angebracht!
Der Vollmond steht im Skorpion: Vermeiden Sie es deshalb vor allem heute, aus einer Mücke einen Elefanten zu machen. Sie provozieren sonst nämlich schneller Streit, als Sie sich vorstellen können. Meditieren Sie, falls Ärger in Ihnen aufkeimt – das ist ein guter Weg zum seelischen Ausgleich.

28
Mittwoch

17.44

! Vermeiden Sie alle Anwandlungen von Eitelkeit. Heute wird von Ihnen nichts anderes als Disziplin und Leistung erwartet. Dass die Allgemeinheit weiß, wie gut Sie sein können, reicht nicht aus!

Wenn die Witterung einigermaßen mild ist, können Sie bei dieser Mondkonstellation nun im Freiland kopfende Salatsorten, Spätkohlarten und Chicorée **säen bzw. setzen**.

Grundregel beim **Blumengießen**: Pflanzen an kühlen, schattigen Plätzen brauchen weniger Wasser als die an den warmen Standorten.

Sie müssen heute dringend einen **Text verfassen**? Bei abnehmendem Mond im Skorpion fällt es immerhin leicht, mit Worten umzugehen!

29
Donnerstag

Elementegruppe: **Feuer**
Besondere Nahrungsverträglichkeit: **Eiweiß**
Beeinflusster Pflanzenteil: **Frucht**
Dominierte Körperregionen: **Oberschenkel, Venen**

Wellness
Jetzt ist es sehr günstig, mit einer Entschlackungskur zu beginnen. Ihre Energie und Konzentration werden sich dann schon bald wieder steigern!

Mittlerfunktion
Ergreifen Sie heute die Chance, am Arbeitsplatz oder in Ihrem Freundeskreis einen Streit zu schlichten. Ihre Vorschläge werden als gerecht empfunden und schnell akzeptiert.

Verdiente Freizeit
Nützen Sie den Abend des heutigen Schützetags möglichst für viel Entspannung. Gehen Sie noch spazieren, oder lesen Sie einen Klassiker.

30
Freitag

18.17

Walpurgisnacht

Was zu bedenken ist
Wenn Sie ein Bewerbungsgespräch führen wollen, sollten Sie es möglichst immer in diese Mondphase legen. Da sind Sie viel gelöster.

Die Gartenarbeit geht nicht aus
- Mondkonstellation und Zeitpunkt sind sehr passend, um harzende Obstbaumstellen auszuschneiden und danach die entstandenen Wunden sorgfältig zu verschließen.
- Bis zum Ende der Eisheiligen in gut zwei Wochen sollten Sie alle anfälligen Pflanzen im Garten über Nacht noch mit einem Frostschutz versehen.

Auch im Haus ist viel zu tun
Der abnehmende Mond im Schützen begünstigt das Reinigen und Polieren von Glas, Porzellan und Metall. Sie werden vom neuen Glanz mit Sicherheit begeistert sein.

1 Samstag

Maifeiertag

Elementegruppe: **Erde**
Besondere Nahrungsverträglichkeit: **Salz**
Beeinflusster Pflanzenteil: **Wurzel**
Dominierte Körperregionen: **Knie, Haut, Knochen**

Mond und Körper

- Mondphase und -stand bieten optimale Voraussetzungen für eine besonders intensive und erfrischende Tiefenreinigung der Haut.
- Wer bei der jetzigen Mondkonstellation seine Fingernägel schneidet, darf davon ausgehen, dass sie immer fester werden und seltener brechen.

Mond und Garten

- Dieser Steinbocktag ist für das Unkrautjäten sehr gut geeignet. Entfernen Sie dabei aber auch alle im Boden befindlichen Wurzelreste.
- Der abnehmende Steinbockmond begünstigt es zudem, Wurzelgemüse ins Freiland zu säen – wie beispielsweise Lauch, Möhren, Radieschen oder Rettich.

2 Sonntag

21.32

Ob in Haus oder Garten

Jetzt brauchen manche Pflanzen sicher eine kleine Zwischendüngung zur Beschleunigung des Wachstums. Dieser Erdtag ist dafür zu empfehlen.

Stimmung

Zwischen 16.39 und 18.39 Uhr bilden Mond und Merkur ein Trigon. Da dürfte in Ihnen eine Kontaktfreude entstehen, die Sie wahrscheinlich den restlichen Sonntag nicht mehr verlieren werden. So genießen Sie das ausklingende Wochenende in vollen Zügen!
Gehen Sie doch z. B. wieder mal mit Ihrer Familie ins Theater und zuvor bzw. danach zum Essen. Gibt es etwa eine schönere Belohnung als lachende Gesichter?

Das Lachen erhält vernünftiger als der Verdruss.

Gotthold Ephraim Lessing

3
Montag

21.51

***Elementegruppe:* Luft**
***Besondere Nahrungsverträglichkeit:* Fett**
***Beeinflusster Pflanzenteil:* Blüte**
***Dominierte Körperregionen:* Unterschenkel, Venen**

! Lassen Sie heute unbedingt auch Kritik an Ihren Ideen zu. Vor lauter Begeisterung für die eigene Sache könnte es nämlich passiert sein, dass Sie dem einen oder anderen Irrtum aufgesessen sind. Und das rechtzeitig zu erkennen wäre ein Segen!

Der Wassermannmond erleichtert es Ihnen nun, mit dem Partner ganz offen darüber zu reden, was Sie beide zu geben bereit sind und was nicht.

Verschwiegenheit ist eine Tugend,
Schweigsamkeit kann eine sein,
Verschweigen ist keine.

Wolfdietrich Schnurre

4
Dienstag

Jede Menge zu tun

- Das Fensterputzen ist bei dieser Mondkonstellation sehr begünstigt. Sie dürfen nämlich damit rechnen, dass keine Schlieren auf dem Glas sind.
- Zwischendurch muss man auch die Mülltonnen gründlich reinigen. Mondphase und -stand tragen dazu bei, dass es jetzt nur halb so schwerfällt.
- In den kommenden Wochen werden Sie immer mehr ernten können! Daher sollten Sie jetzt alle Regale und Horden für die Lagerung säubern.
- Sind die Laufplatten des Gartenwegs und die Pfosten des Gartenzauns noch fest genug? Überprüfen Sie alles, und beseitigen Sie die Mängel.
- Nun bricht wieder die Zeit der Möhrenfliege an. Bis Anfang Juni ist daher die Neusaat mit feinmaschigen Netzen vor ihren Eiern zu schützen.

Für besseren Schlaf

Haben Sie Probleme mit dem Ein- und Durchschlafen? Versuchen Sie es mal mit einem Dill-Kräuterkissen, das Sie sich unters Kopfkissen legen.

5 Mittwoch

04.10

Elementegruppe: Wasser
Besondere Nahrungsverträglichkeit: Kohlenhydrate
Beeinflusster Pflanzenteil: Blatt
Dominierte Körperregionen: Füße, Zehen

Schöner Rasen

- Ein dichter Rasenteppich braucht reichlich Stickstoff, der am besten mittels organischen Düngers zugeführt wird. Das Düngen ist jetzt optimal.
- Rasenmähen ist bei dieser Mondkonstellation auch günstig. Das getrocknete Gras kann dann zum Mulchen der Beete verwendet werden.

6 Donnerstag

Was läuft privat?

- Sind Sie Single und träumen vom idealen Partner? Sie sollten selbst etwas unternehmen, um ihm zu begegnen. Hören Sie nun auf Ihre innere Stimme!
- Ein entspannender Abend vor dem Fernseher oder noch auf einen Sprung in die Lieblingskneipe? Ihr Fischetag-Gefühl wird es Ihnen schon sagen!

Das Ideal ist nichts als die Wahrheit von weitem.

Alphonse de Lamartine

7 Freitag

13.54

Gespür

Nicht mal der geschickteste Bluff kann Sie in der Zeit zwischen 09.37 und 11.37 Uhr (Mond-Venus-Sextil) aus der Reserve locken. Sie folgen Ihrem Gefühl, und daher kann man Sie nicht über den Tisch ziehen.

Später

Jetzt ist kein sehr geeigneter Zeitpunkt, um noch mit einer Projektplanung zu beginnen. Besser in die Phase des zunehmenden Mondes verlegen!

8
Samstag

Elementegruppe: Feuer
Besondere Nahrungsverträglichkeit: Eiweiß
Beeinflusster Pflanzenteil: Frucht
Dominierte Körperregionen: Kopf, Gesicht

Nasennebenhöhlen und Augen

- Auch während der schönen Jahreszeiten ist eine Nasennebenhöhlenentzündung möglich – vor allem an Widdertagen. Teebaumöl in der Duftlampe kann erfahrungsgemäß deutlich zur Linderung beitragen.
- Die Augen sind bei diesem Mondstand besonders sensibel. Falls Sie einen Ausflug vorhaben, sollten Sie Ihre Sonnenbrille nicht vergessen.

Langen Atem haben!

Beißen Sie die Zähne zusammen und machen Sie weiter, bis Ihre Arbeit beendet ist. Und werfen Sie zwischendurch einen kritischen Blick darauf. Sind Sie eine neue Partnerschaft eingegangen, in der noch vieles anlaufen muss? Bedenken Sie: Vertrauen und Geduld sind ein wichtiges Startkapital!

9
Sonntag

Muttertag Europatag

Freizeit

- Genießen Sie den Sonntag und die Tatsache, dass der Sommer immer näher rückt. Und wer mal ausruht, kann auch wieder richtig arbeiten!
- Mondphase und -stand begünstigen nun Ausflüge aller Art: Es ist mit großer Wahrscheinlichkeit davon auszugehen, dass das Wetter schön wird.

Arbeit und Lohn im Garten

- Bei dieser Mondkonstellation sollte zur Düngung der Obstbäume viel Kompost, Mulch oder Rinde auf den Baumscheiben ausgebracht werden.
- Am heutigen Widdertag kann wahrscheinlich schon einiges geerntet werden. Sehen Sie nach, wie weit Rettich, Salat, Spinat und Mairüben sind.

Starke Geste

An diesem Feuertag finden Sie nicht nur passende, sondern richtig leidenschaftliche Worte für alle, die Sie verehren – z. B. Ihre Mutter!

10
Montag

01.48

Elementegruppe: **Erde**
Besondere Nahrungsverträglichkeit: **Salz**
Beeinflusster Pflanzenteil: **Wurzel**
Dominierte Körperregionen: **Kiefer, Hals, Nacken**

Der Garten ruft

- Nun ist es nötig, die Radieschen- und Rettichsaat wirksam vor Erdflöhen zu schützen, beispielsweise durch Spritzungen mit Rainfarntee. Nützen Sie dafür die momentane Mondkonstellation!
- Ein Komposthaufen sollte immer etwas feucht sein, um seinen Zweck zu erfüllen. Bei sehr trockenem Wetter müssen Sie ihn notfalls wässern.

Heimwerkerfront

Grundsätzlich sind jetzt alle Malerarbeiten und das Verlegen von Fußböden begünstigt. Beachten Sie dabei: Alles, was besonders langwierig und kraftaufwendig ist, lässt sich an einem Nachmittag bei abnehmendem Mond relativ schnell und leicht erledigen.

11
Dienstag

21.01

Mamertus, Eisheiliger

Was heute zu tun wäre

- Schonen Sie Hals und Stimmbänder, und nehmen Sie sich besonders vor Zugluft in Acht! Meiden Sie zudem allzu starke Lärmbelästigung.
- Sind in Ihrem Garten Pflanzen erkrankt? Wenn Sie sie in dieser Mondphase kräftig zurückschneiden, ist eine baldige Genesung sehr wahrscheinlich.
- Erdtage (außer bei Vollmond) sind geeignet, um über Geldangelegenheiten nachzudenken oder diese zu regeln. Jetzt hat man viel Geschäftssinn!
- Reservieren Sie sich abends für Familie oder Partner so viel Zeit wie möglich. Unternehmen Sie etwas, wonach Ihnen schon lange der Sinn steht!

Das Tun der denkenden Hand nennen wir alle Tat.

Oswald Spengler

12
Mittwoch

14.44

Pankratius, Eisheiliger

Elementegruppe: ***Erde***
Besondere Nahrungsverträglichkeit: ***Salz***
Beeinflusster Pflanzenteil: ***Wurzel***
Dominierte Körperregionen: ***Kiefer, Hals, Nacken***

! Übertreiben Sie es heute nicht mit den Versuchen, Ihren Freiheitsdrang zu befriedigen. Sonst könnten Sie jemanden kränken, der Ihnen wirklich nicht im Weg steht, sondern nur helfen möchte! Und bei wichtigen Entscheidungen oder größeren Problemen sollte im Zweifelsfall immer der Partner der Erste sein, dem man sich anvertraut.

Zur Stärkung der Knochen, Muskeln und des Kreislaufs
Haben Sie heute vor, selbst zu kochen? Die verschiedenen Wurzelgemüse, Pilze, Nüsse, Rind- oder Kalbfleisch, Putenbrust und Lachs sind nun eindeutig am bekömmlichsten. Wie wär's z. B. mit diesem Rezept?

Gegrillte Bataten mit Petersilie und Nüssen
Zutaten für 1 Person

1 große Batate (Süßkartoffel)
1 Bund Petersilie
1 Stück frischer Ingwer (2 cm)
20 g Walnüsse, gehackt
1 TL Honig
1 EL fettarmer Joghurt
Salz, Pfeffer
etwas Olivenöl

Zubereitungszeit: 50 Minuten

- Die Batate unter fließendem Wasser gründlich waschen. In kochendem Salzwasser wie Pellkartoffeln kochen (etwa 20 bis 25 Minuten). Das Wasser abgießen und die Batate auskühlen lassen.
- Die Petersilie waschen, trocken schleudern und fein hacken. Den Ingwer schälen und sehr fein würfeln. Den Backofen auf 180 °C vorheizen.
- Von der Batate längs eine Kappe abschneiden. Das Innere mit einem scharfen Löffel so aushöhlen, dass noch ein Rand übrig bleibt. Das Fruchtfleisch zerdrücken.
- Das Batatenfruchtfleisch mit den Nüssen, der Petersilie, dem Honig, dem Ingwer und dem Joghurt vermengen, mit Salz und Pfeffer würzen.
- Diese Masse in die Batate füllen, den abgeschnittenen Deckel aufsetzen. Mit etwas Olivenöl beträufeln und in einer kleinen Auflaufform auf der mittleren Schiene im Backofen 20 Minuten backen.

13 Donnerstag

Christi Himmelfahrt **Servatius, Eisheiliger**

Elementegruppe: ***Luft***
Besondere Nahrungsverträglichkeit: ***Fett***
Beeinflusster Pflanzenteil: ***Blüte***
Dominierte Körperregionen: ***Schultern, Arme, Hände***

Auf den Körper achten
An Lufttagen wird Fett relativ gut verwertet. Im Falle von Übergewicht sollten Sie aber auch jetzt besser Gemüse bevorzugen. Denn der Mond nimmt wieder zu, und da setzt alles leichter an.

Den Garten pflegen
Machen Sie einen Kontrollgang durch Ihren Ziergarten, und entfernen Sie behutsam alle Pflanzenteile, die verblüht oder vertrocknet sind.

Abschalten
Beschließen Sie diesen Feiertag mit einem Theaterbesuch oder auch mit einem kleinen Fest im Freundeskreis. Das ist die perfekte Erholung!

14 Freitag

Bonifatius, Eisheiliger

Heute findet die einzige längere **Mondpause** im Mai statt. Sie beginnt um 12.52 Uhr und dauert knappe 15 Stunden.
Wenn Sie nun bereits geleistete Arbeit nochmals überprüfen, können Sie sich gut konzentrieren und womöglich manchen Fehler leichter finden. Und ob Sie abends in Ihren privaten Räumen für Ordnung sorgen, ob Sie Yoga praktizieren, vielleicht meditieren oder ob Sie sich mit Freunden treffen – es wird Sie hundertprozentig zufriedenstellen.

Für ein schöneres Zuhause
Blumen, die Sie bei zunehmendem Mond in den Luftzeichen schneiden bzw. pflücken, um sie in die Vase zu stellen, duften bedeutend stärker und halten viel länger.

Die Blüte ist das Lächeln der Pflanze.
Peter Hille

Sophie, Eisheilige

Elementegruppe: ***Wasser***
Besondere Nahrungsverträglichkeit: ***Kohlenhydrate***
Beeinflusster Pflanzenteil: ***Blatt***
Dominierte Körperregionen: ***Magen, Lunge, Galle, Leber***

Wenn Sie nicht wollen, dass Ihnen während dieser Krebstage etwas auf den Magen schlägt, dürfen Sie sich nicht gleich über jede Kleinigkeit aufregen. Und falls Sie doch **Magenprobleme** bekommen, sollten Sie die dafür passenden Kräutertees trinken. Beispielsweise Kamille, Minze oder Melisse, die sehr gut eine Magenschleimhautreizung lindern können.

Kontra
Wenn der Mond Krebs, Skorpion oder Fische (also eines der drei Wasserzeichen) durchwandert, ist es ungünstig, Brot oder Kuchen selbst zu backen. Das Risiko, dass der Teig matschig wird, ist jetzt nämlich erhöht.

Pro
Es gibt erfahrungsgemäß keine andere Mondkonstellation, bei der man sich so intensiv erholen kann, wie den zunehmenden Mond im Zeichen Krebs.

Mond und Garten

- Jetzt ist es beispielsweise sehr günstig, Folgekulturen von Endivien, Fenchel, Mangold und Blattkräutern auszusäen. Sie werden dann nämlich prächtig gedeihen.
- Der zunehmende Mond steht im Krebs: Daher ist es nun empfehlenswert, besonders alle Pflanzen zu gießen, die gerade gesetzt worden sind.
- Wer selbst Kartoffeln anbaut, sollte sie jetzt einmal vor Läusen schützen, indem er z. B. Kapuzinerkresse zwischen die Kartoffelpflanzen setzt.

15
Samstag
03.32

16
Sonntag

17
Montag
14.45

18
Dienstag

Elementegruppe: **Feuer**
Besondere Nahrungsverträglichkeit: **Eiweiß**
Beeinflusster Pflanzenteil: **Frucht**
Dominierte Körperregionen, -funktionen: **Herz, Kreislauf, Blutdruck**

Mond und Gesundheit

- Rückenschmerzen sind vor allem an Löwetagen bei zunehmendem Mond keine Seltenheit. Waschungen mit heißem Salbeitee helfen, sie zu lindern.
- Gefüllte Paprikaschoten wären doch wieder mal ein feines Essen. Und vor allem gesund! Paprikas kräftigen nämlich das Herz – sind also ideal für einen Löwetag.

Mond und Garten

- Möchten Sie jetzt den einen oder anderen Obstbaum veredeln? Der zunehmende Mond steht in einem Feuerzeichen – das ist ein guter Termin.
- Brauchen Sie Kräuter, deren Samen gleich heute in der Küche zum Einsatz kommen sollen? Das Ernten oder Sammeln ist nun günstig.

19
Mittwoch

21.14

23.00

! Selbst wenn es Ihnen heute in gewissen Situationen sehr schwerfallen sollte – gehen Sie trotzdem auf die anderen zu. Es gibt nämlich keinen Grund, prinzipiell jedem misstrauen zu müssen!

Immer zu misstrauen ist ein Irrtum,
wie immer zu trauen.

Goethe

Fruchtige Zeiten

- Vielleicht haben Sie inzwischen schon etwas Obst geerntet und möchten einiges davon einkochen oder einfrieren? Die Mondkonstellation begünstigt das jedenfalls.
- Dieser Fruchttag ist auch dafür geeignet, Hülsenfrüchte (wie Bohnen und Erbsen) oder Fruchtgemüse (wie Tomaten) ins Freiland zu pflanzen.

20
Donnerstag

Elementegruppe: **Erde**
Besondere Nahrungsverträglichkeit: **Salz**
Beeinflusster Pflanzenteil: **Wurzel**
Dominierte Körperfunktionen: **Stoffwechsel, Verdauung**

Jungfraumond und Ernährung
Bei diesem Mondstand ist es stets von Vorteil, wenn man sich bewusst ernährt. Achten Sie darauf, dass Sie weder zu fett noch zu würzig essen.

Begünstigte Gartenarbeit
- Falls Sie Ihren Rasen ausbessern oder auch eine ganz neue Fläche ansäen wollen, sollten Sie die jetzige Mondkonstellation dafür nutzen.
- Stampfen Sie Ihren Komposthaufen fest, und überprüfen Sie auch gleich, ob er noch feucht genug ist. Falls nicht, sollten Sie ihn etwas wässern.
- Manch einer baut seine Kartoffeln selbst an. Sie auch? Dieser Jungfrautag ist z. B. sehr empfehlenswert, um die Frühkartoffeln anzuhäufeln.

21
Freitag

Das Richtige essen
Für Ihren Speiseplan ist jetzt ganz besonders Wurzelgemüse zu empfehlen. Vor allem Karotten und Rote Beten müssten Sie nun gut vertragen können.

Berufliches
An diesem Jungfrautag ist Ihnen nichts zu viel – auch nicht die leidige Verwaltungsarbeit. Sie wissen, was Sie erreichen wollen und dass das ohne Einsatz eben nicht geht.

Privates
Sie wissen nur zu genau, welcher Tropfen das Fass zum Überlaufen bringen könnte. Daher tragen Sie heute alles Nötige dazu bei, den Partner im Falle einer Auseinandersetzung zu beruhigen.

Der Einsatz sucht uns, nicht wir den Einsatz.
Dag Hammarskjöld

22
Samstag

03.37

Elementegruppe: ***Luft***
Besondere Nahrungsverträglichkeit: ***Fett***
Beeinflusster Pflanzenteil: ***Blüte***
Dominierte Körperregionen: ***Hüfte, Nieren, Blase***

Gesundheit und Schönheit

- Haben Sie manchmal Stoffwechselprobleme? Wenn ja, müssen Sie an Lufttagen besonders darauf achten, dass Sie nach Möglichkeit nicht allzu fett essen.
- Gönnen Sie Ihrem Gesicht vor dem Schlafengehen noch eine Maske für die Hauternährung. Auch Ihre Nachtruhe ist dann angenehmer.

Im Haushalt zu beachten

- Sorgen Sie für frischen Duft in Ihren vier Wänden: Lüften Sie an diesem Waagetag ausgiebig, und stellen Sie frische Blumen in die Zimmer.
- Verzichten Sie bei dieser Mondkonstellation aber besser auf das Staubwischen. Sie würden mit dem Ergebnis nämlich keinesfalls zufrieden sein.

23
Sonntag

Pfingstsonntag

Gönnen Sie sich zu Beginn dieses Tages ein **Bad mit Holunderzusatz**. Das regt den Kreislauf an und verbessert Ihre Stimmung noch mehr!

Backen Sie zur Feier des Tages doch einen leckeren **Kuchen**! An Lufttagen bei zunehmendem Mond ist das erfahrungsgemäß sehr günstig.

Das späte Maiklima sorgt bei empfindlichen **Wasserpflanzen** für besseres Wachstum. Daher sollten sie erst jetzt im Gartenteich ausgepflanzt werden.

Treffen Sie an diesem Waagetag ein paar gute Freunde, mit denen Sie etwas Nettes (z. B. einen kleinen **Ausflug**) unternehmen und wieder mal nach Herzenslust plaudern.

Ein bescheidenes Glück – die beste Form des Glücks.

Theodor Fontane

24 Montag

05.02

Pfingstmontag

Elementegruppe: ***Wasser***
Besondere Nahrungsverträglichkeit: ***Kohlenhydrate***
Beeinflusster Pflanzenteil: ***Blatt***
Dominierte Körperregionen: ***Sexualorgane, Harnleiter***

Unternehmungsgeist
Von 6.38 bis 8.38 Uhr bilden Mond und Jupiter ein Trigon. Egal, was Sie in diesen Morgenstunden vorhaben, Sie sind guter Laune und schon voller Energie. Der Feiertag kann nun also beginnen!

Mond und Garten
Der zunehmende Mond in einem Wasserzeichen begünstigt die Aussaat von gewissen Blattgemüsen: z. B. Guter Heinrich, Mangold oder Erdbeerspinat.

Tipp Finden Sie heute auch genug Ruhe und Abstand vom Üblichen. Eine intensive Meditation oder das Hören sanfter Musik wird Ihnen dabei sehr helfen.

25 Dienstag

Mond und Körper
- Wenn Sie auf Ihre Linie achten wollen, sollten Sie jetzt nicht massenhaft Kohlenhydrate zu sich nehmen. Das würde ziemlich anschlagen!
- Frauenleiden treten an Skorpiontagen oft verstärkt auf. Ein Vollbad ohne schäumenden Zusatz, dafür aber mit 10 Tropfen Teebaumöl kann da erfahrungsgemäß sehr helfen.
- Falls Sie Beruhigungsmittel einnehmen, müssen Sie bedenken, dass diese so kurz vor Vollmond sehr intensiv wirken. Seien Sie also vorsichtig!

Emotionen und Ausdruck
Das Schreiben wird Ihnen jetzt leicht von der Hand gehen – ob das ein Brief, ein Eintrag ins Tagebuch oder etwas mit literarischen Ambitionen ist.

Die erste Bedingung zum Schreiben
ist ein starkes, lebhaftes Gefühlsleben.

Germaine Baronin von Staël

26 Mittwoch

13.15

04.40

Elementegruppe: ***Feuer***
Besondere Nahrungsverträglichkeit: ***Eiweiß***
Beeinflusster Pflanzenteil: ***Frucht***
Dominierte Körperregionen: ***Oberschenkel, Venen***

Sich schonen
Um den Vollmond herum – vor allem wenn der Mond im Schützen steht – sollten Sie große körperliche Belastungen vermeiden. Muskelkatergefahr!

Kein Risiko eingehen
Rechtsangelegenheiten geht man an Schützetagen zielorientiert, aber verhandlungsbereit an. Falls trotzdem keine Einigung in Sicht ist (was in dieser Mondphase vorstellbar wäre), sollten Sie das Ganze unbedingt vertagen!

Vorsicht!
An Feuertagen kann Fett sehr heiß werden, weshalb Brandgefahr besteht. Jetzt ist noch dazu Vollmond. Lassen Sie die Küche heute also besser kalt.

27 Donnerstag

! Wie so oft im Leben geht Qualität vor Quantität! Sie sollten daher heute keinesfalls zu viel auf einmal anpacken. Sonst könnte es nämlich leicht passieren, dass Sie überhaupt nichts richtig in den Griff bekommen.

Konfliktmanagement
Wenn Sie jetzt bei einer beruflichen Auseinandersetzung die Möglichkeit zu vermitteln sehen, sollten Sie es versuchen.
Gibt es in Ihrer Beziehung ein Problem? Sprechen Sie heute mit dem Partner drüber. Und gehen Sie eventuelle Lösungsmöglichkeiten gleich an!

Tipp Nun ist zwar eine geeignete Mondkonstellation für den Obstbaumschnitt gegeben. Falls es mittlerweile aber schon heiß ist, sollten Sie besser darauf verzichten.

21. Woche 2021

Mai

28 **Freitag**

04.25

Elementegruppe: **Erde**
Besondere Nahrungsverträglichkeit: **Salz**
Beeinflusster Pflanzenteil: **Wurzel**
Dominierte Körperregionen: **Knie, Haut, Knochen**

Mond und Wohlgefühl

- Bei Nervosität und seelischen Spannungen hilft meist auch etwas autogenes Training. Machen Sie ein paar Übungen, und Sie fühlen sich besser!
- Der Mond im Steinbock nimmt nun Einfluss auf die Haut: Eine Tiefenreinigung wirkt nicht nur sehr effizient, sondern zudem besonders erfrischend. Und die Entfernung von Haaren ist weniger schmerzhaft.

Erfolgreiche Gartenarbeit

Jetzt ist ein optimaler Mondtermin gegeben, um Unkraut zu jäten. Und auch die Bedingungen für die Aussaat oder Pflanzung von weiterem Wurzelgemüse sind gut. Außerdem empfehlenswert: den Boden lockern, mulchen und Kompost umsetzen.

29 **Samstag**

Gegen sportliche Betätigung ist bei diesem Mondstand nichts einzuwenden. Vermeiden Sie aber Aktivitäten, die Ihre Knie zu sehr beanspruchen.

Ist es wieder einmal nötig, das Auto zu waschen und eine gründliche Innenreinigung vorzunehmen? Bei abnehmendem Mond geht alles viel leichter!

Wie geht es Ihren Balkon- und Zimmerpflanzen? Falls sie vielleicht eine Zwischendüngung brauchen, ist die Mondkonstellation dafür gut geeignet.

Tipp Beachten Sie bei Ihrer Freizeitplanung, dass an Steinbocktagen so manches weniger Spaß macht als sonst: beispielsweise das Feiern eines Festes und Tanzen.

Nichts ist auf der Erde ohne Beschwerlichkeit.

Goethe

30
Sonntag

06.05

***Elementegruppe:* Luft**
***Besondere Nahrungsverträglichkeit:* Fett**
***Beeinflusster Pflanzenteil:* Blüte**
***Dominierte Körperregionen:* Unterschenkel, Venen**

! Respektieren Sie die Meinung der anderen, und zwingen Sie niemandem Ihren Willen auf. Dann kommen Sie ohne Probleme durch den Tag, an dem Sie letztlich viel neue Energie tanken werden.

- Jetzt kann man in aller Regel schon unterschiedlichste Gemüse ernten: z. B. Rettich, Frühweißkohl, Radieschen, Wirsing und Kohlrabi.
- Der abnehmende Mond ist die richtige Phase für die Bekämpfung von Schädlingen. Untersuchen Sie jetzt z. B. einmal Ihre Rosen auf Blattläuse.

Faszination
Ob Lektüre oder Film, ob klassisch oder modern – widmen Sie sich bei diesem Mondstand wieder mal der Kultur. Das wird Sie jetzt inspirieren.

31
Montag

Gute Durchblutung
Falls Sie öfter Heilsteine zum Einsatz bringen, ist für diesen Wassermanntag Bernstein zu empfehlen. Der regt nämlich die Durchblutung der Beine an.

Guten Appetit!
Im Sommer schmeckt frisches Gemüse noch mal so gut! Bei diesem Mondstand sind besonders Artischocken und Brokkoli bekömmlich.

Gute Karten
Bei Mond im Wassermann lernt man leichter, arbeitet man ziemlich genau, ist man kreativ sowie kontaktfreudig und verhandelt meist sehr erfolgreich.

Guter Schlaf
Sind bei Ihnen noch Daunenbetten im Einsatz? Ersetzen Sie sie an diesem Lufttag durch leichteres Bettzeug. Vor dem Einlagern richtig auslüften!

1
Dienstag
11.09

Elementegruppe: ***Wasser***
Besondere Nahrungsverträglichkeit: ***Kohlenhydrate***
Beeinflusster Pflanzenteil: ***Blatt***
Dominierte Körperregionen: ***Füße, Zehen***

Heute sind Sie nicht nur sehr kreativ, sondern Sie schaffen es auch, dadurch auf sich aufmerksam zu machen und berufliche Weichen zu stellen. So kann sich Ihnen z. B. zwischen 8.15 und 10.15 Uhr (Mond-Venus-Trigon) etwas Neues bieten, das Sie sofort annehmen sollten, wenn sich Ihre Perspektiven dadurch deutlich verbessern. Vertrauen Sie auf Ihr Gefühl!

2
Mittwoch
09.26

Haushalt, Gartenarbeit, Abendgestaltung

- Wer sich bei dieser Mondkonstellation in die Küche stellt, um etwas ganz Besonderes zu kreieren, wird nicht enttäuscht werden!
- Was Sie an einem Fischetag ernten, sollten Sie wegen der erhöhten Schimmelgefahr nicht lagern oder konservieren, sondern gleich essen.
- Laden Sie wieder Ihre Batterien auf: Etwas Sport, Schwimmen im Badesee oder Freibad, ein feines Essen, ein schöner Film fürs Herz und genug Schlaf können viel bewirken!

3
Donnerstag
20.00

Fronleichnam

Sorgen?

- Gibt's in der Beziehung ein Problem? Sagen Sie dem Partner an diesem Fischetag deutlich, wie wichtig er Ihnen trotz allem ist. Das entschärft viel.
- Haben Sie das Gefühl, bei Beförderungen zu oft übergangen zu werden? Machen Sie sich Gedanken, inwiefern Sie das vielleicht mitverschulden.

Unzufriedenheit ist der erste Schritt
in der Entwicklung von Menschen und Völkern.

Oscar Wilde

4
Freitag

Elementegruppe: **Feuer**
Besondere Nahrungsverträglichkeit: **Eiweiß**
Beeinflusster Pflanzenteil: **Frucht**
Dominierte Körperregionen: **Kopf, Gesicht**

Herausforderung
Am heutigen Widdertag besteht die Kunst auch darin, unter Zeitdruck sehr präzise zu arbeiten. Nur ein klein wenig Nachlässigkeit – und schon kann vieles verpatzt sein!

Die Zeit befiehlt's, ihr sind wir untertan.
Shakespeare

Die Zeit läuft
Am 24. Juni ist wieder mal die offizielle Spargelzeit vorbei. Bis einschließlich kommenden Dienstag sowie am 23. und 24. selbst sind noch vom Mond begünstigte Erntetermine gegeben. Guten Appetit!

5
Samstag

Tag der Umwelt

Souveräne Ausstrahlung
Man merkt Ihnen heute deutlich an, dass Sie wissen, was Sie wollen. Das wirkt besonders auf das andere Geschlecht sehr anziehend.

Mond und Gesundheit
- Wenn Sie sehr viel Arbeit am Bildschirm verrichten müssen, sollten Sie Ihre Augen vor allem beim jetzigen Mondstand immer wieder durch Übungen zu entspannen versuchen.
- Sie tun sich viel Gutes und tragen zu Ihrer Fitness bei, wenn Sie an Widdertagen wegen des Kopfschmerzrisikos auf Genussmittel verzichten.

Der Mühe Lohn
Wenn der Mond den Widder durchläuft, sind erfahrungsgemäß die allerbesten Termine fürs Ernten und Einlagern gegeben. Obst, das Sie nicht gleich verbrauchen, können Sie jetzt auch optimal einkochen.

Elementegruppe: **Erde**
Besondere Nahrungsverträglichkeit: **Salz**
Beeinflusster Pflanzenteil: **Wurzel**
Dominierte Körperregionen: **Kiefer, Hals, Nacken**

Falls Sie in dieser Jahreszeit ein **Auto mit offenem Verdeck** fahren, müssen Sie vor allem an Stiertagen Augen und Ohren genügend schützen.
Feiern Sie mit Freunden den **Sommer**, der nun bald ganz offiziell beginnt. Gehen Sie beispielsweise zum Essen in ein schönes Gartenrestaurant. Oder geben Sie ein **Gartenfest** mit allem Drum und Dran …

Erkenntnisse

- Überprüfen Sie mal wieder Ihre finanzielle Situation. Falls es Engpässe gibt, sollten Sie nämlich rechtzeitig reagieren und notfalls umdisponieren. An einem Erdtag haben Sie genug Sinn für dieses Thema.
- Zudem ist es an einem Stiertag günstig, über Beziehungsangelegenheiten nachzudenken: Erwarten Sie vom Partner vielleicht viel zu viel? Sind Sie selber auch bereit, so viel zu geben? Gehen Sie jetzt mal mit sich selbst aufrichtig ins Gericht!

Gartenarbeit und mehr

Jetzt begünstigt der Mond beispielsweise folgende Tätigkeiten: Kompost an- bzw. umsetzen, Kartoffeln legen, ins Freiland Radieschen, Rettich, Karotten und Rote Bete säen, Knollensellerie pflanzen sowie alles ernten, was getrocknet werden soll. Aber auch: unterirdische Schädlinge bekämpfen oder Laufplatten legen.
Außerdem: Wenn Sie Wurzelgemüse einkochen wollen, sollten Sie auch diesen Erdtag dafür nutzen.

6
Sonntag

07.47

7
Montag

8
Dienstag

20.49

9 Mittwoch

Elementegruppe: Luft
Besondere Nahrungsverträglichkeit: Fett
Beeinflusster Pflanzenteil: Blüte
Dominierte Körperregionen: Schultern, Arme, Hände

Was der Mond unterstützt

- Dieser Lufttag ist sehr gut, um alle Frühsommerstauden zurückzuschneiden, die inzwischen verblüht sind. Dann blühen sie im Herbst erneut.
- Falls vor Neu- und zunehmendem Mond noch etwas Wichtiges zu erledigen ist: Heute begünstigt der Mond die meisten Reinigungsarbeiten.
- Die Mondkonstellation fördert neben dem Lernen und Schreiben vor allem auch Werbemaßnahmen und Rechtsangelegenheiten.

Perfekter Abschluss eines Tages

Es gibt die Zwillingetage, an denen man eher Trubel möchte. Und jene, an denen man die Gesellschaft guter Freunde mehr braucht – mit langen Gesprächen an einem ruhigen Ort ... Wie heute!

10 Donnerstag

12.54

Neumondimpulse

- Wenn Sie zurzeit einen Text schreiben und bisher nicht so richtig vorangekommen sind, könnten Sie in dieser Mondphase nun endlich den erhofften Durchbruch schaffen!
- Beabsichtigen Sie demnächst eine Renovierung von Haus oder Wohnung? Denken Sie nun weiter darüber nach, Ihnen werden gute Ideen kommen.

Mondpause

Sie beginnt um 19.39 Uhr und dauert knappe 14 Stunden.
Egal, ob Sie den Abend mit Familie, Freunden oder Partner verbringen – reservieren Sie sich auch etwas Zeit für sich ganz allein. Vieles kann jetzt zum Wahrnehmen der inneren Stimme beitragen: z. B. Yoga, Meditation oder das Studieren eines Bildbands.

11
Freitag

09.24

12
Samstag

13
Sonntag

20.24

Elementegruppe: ***Wasser***
Besondere Nahrungsverträglichkeit: ***Kohlenhydrate***
Beeinflusster Pflanzenteil: ***Blatt***
Dominierte Körperregionen: ***Magen, Lunge, Galle, Leber***

Und wieder viel Gartenarbeit

- Nun befindet sich der zunehmende Mond für drei Tage im Krebs. Sie sollten diese Termine nutzen, falls Sie Rasen mähen wollen.
- Sie wollen Blattgemüse pflanzen? Der späte Nachmittag ist der beste Zeitpunkt. Dann könnten beschädigte Wurzeln über Nacht nachwachsen!

Worauf Sie achten sollten!

- Erledigen Sie wichtige Geschäftspost ab übermorgen wieder. Dann können Sie sich vom Mond die besseren Impulse für diese Arbeit erwarten.
- Machen Sie heute einen großen Bogen um alles, was allzu sehr Ihre Nerven belasten könnte – vor allem familiäre Auseinandersetzungen.
- Sind Sie bereits sehr nervös, fehlt Ihnen die nötige seelische Balance? Falls dem so ist, sollten Sie bei diesem Mondstand keinesfalls auch noch Alkohol trinken!

Höhere Sphären

Sie werden sich an diesem Krebstag optimal erholen, wenn Sie sich Zeit nehmen, um Musik zu hören, die Sie zum Träumen verführt!
Oder: Sie ziehen sich zurück – z. B. an einen schönen Platz in der freien Natur. Dort können Sie in Ruhe Ihre Gedanken ordnen.

Lass dich in deiner Ruhe nicht stören, holder Stern,
wenn unter dir es gärt und trüb ist!

Friedrich Hölderlin

14 Montag

Elementegruppe: ***Feuer***
Besondere Nahrungsverträglichkeit: ***Eiweiß***
Beeinflusster Pflanzenteil: ***Frucht***
Dominierte Körperregionen, -funktionen: ***Herz, Kreislauf, Blutdruck***

Generell gilt: Stellen Sie nicht zu maßlose Ansprüche, wenn Sie heute mit anderen zusammen etwas planen. Ohne Kompromisse werden Sie sich nicht einigen. Und Sie könnten Ihr Image des Verständnisvollen gefährden!
Im Job gilt: Helfen Sie den anderen, wo Sie können. Und nehmen Sie die Unterstützung der anderen an, wo Sie sie brauchen. So wird der Tag für alle erfolgreich!

Mond und Gesundheit

- Da der zunehmende Mond im Löwen steht, müssen Herzpatienten jetzt ganz genau die Dosierungsanweisungen für ihre Medikamente beachten.
- Sport tut in aller Regel gut. Wer aber oft unter Kreislaufproblemen zu leiden hat, sollte es bei dieser Mondkonstellation nicht übertreiben.

15 Dienstag

Fruchtgemüse, Obst und Marmelade

- Der zunehmende Mond steht in einem Feuerzeichen: Jetzt kann Fruchtgemüse ausgepflanzt werden, wie z. B. Paprika, Zucchini und Auberginen.
- Obst, das Sie nicht einkochen, können Sie nun auch begünstigt einfrieren. Es wird nach dem Auftauen wie frisch geerntet schmecken.
- Haben Sie vor, Marmelade zu kochen? Nützen Sie dafür die jetzige Mondkonstellation. Ein besonders feines Aroma ist dann garantiert!

Löwemond und Freizeit

Lassen Sie wieder mal richtig die Seele baumeln. Musik ist da bekanntlich eines der besten Mittel. Gehen Sie doch ins Konzert oder in die Disko!
Zudem verstärkt der Mondstand die Lust zu kommunizieren und zu flirten. Treffen Sie also alte Freunde, oder machen Sie neue Bekanntschaften!
So oder so – der Mond im Löwen wird dazu beitragen, dass Sie heute wieder mit großer Leidenschaft das Leben genießen können!

16
Mittwoch

05.03

Elementegruppe: ***Erde***
Besondere Nahrungsverträglichkeit: ***Salz***
Beeinflusster Pflanzenteil: ***Wurzel***
Dominierte Körperfunktionen: ***Stoffwechsel, Verdauung***

Was jetzt dem Körper guttut

- Falls Ihr Blutdruck eh schon erhöht ist, sollten Sie vor allem an Erdtagen bei zunehmendem Mond Ihren Salzkonsum zügeln.
- An Krebs- und Jungfrautagen können vermehrt Magenbeschwerden sowie Verdauungsprobleme auftreten. Trinken Sie jetzt viel Kamillentee.

Was nun der Garten braucht

- Kontrollieren Sie einmal Ihre Obstbäume, und stützen Sie die aufgrund von übermäßigem Fruchtansatz bruchgefährdeten Äste ausreichend ab.
- Stampfen Sie jetzt wieder mal Ihren Komposthaufen fest. Und ganz wichtig: Verzichten Sie bei diesem Mondstand grundsätzlich immer auf das Ernten und Einlagern.

17
Donnerstag

Der eine oder andere Zwiespalt

Generell: Selbstzweifel tragen bei diesem Mondstand nicht zur Selbstkritik bei, sondern schränken lediglich Ihren Handlungsspielraum ein. Bei Schwierigkeiten jeglicher Art sollten Sie jetzt nur eines denken: Ich habe genug Potenzial, um alles in den Griff zu bekommen!

Beruflich: Sie haben doch sicher klare Vorstellungen, welche Arbeit Geduld braucht und welche auch mal schnell gehen kann? Entscheiden Sie also ganz pragmatisch, was heute welche Bedeutung hat, und handeln Sie dann auch konsequent danach!

Privat: Jede Partnerschaft hat gute und weniger gute Tage. Denken Sie daran, wenn Sie sich jetzt gerade nicht so gut verstehen: Es wird auch wieder besser werden!

Vertrauen ist Mut, und Treue ist Kraft.

Marie von Ebner-Eschenbach

18 Freitag

05.55

10.55

Elementegruppe: **Luft**
Besondere Nahrungsverträglichkeit: **Fett**
Beeinflusster Pflanzenteil: **Blüte**
Dominierte Körperregionen: **Hüfte, Nieren, Blase**

Mond und Blumen

- Bei dieser Mondkonstellation können Sie zweijährige Frühlingsblüher aussäen: z. B. Goldlack, Gänseblümchen, Bartnelken oder Stiefmütterchen.
- Und es ist immer noch nicht zu spät, schnellwüchsige Sommerblumen zu pflanzen. Der momentane Waagemond ist günstig dafür.

19 Samstag

Für das körperliche Wohl

- Wenn der zunehmende Mond in einem Luftzeichen steht, ist es wichtig, bei Fettunverträglichkeit auf einschlägige Nahrung zu verzichten.
- Gönnen Sie sich gleich zu Beginn dieses Tages ein Bad mit Holunderzusatz. Das regt den Kreislauf an und verbessert Ihre Stimmung.
- An Waagetagen sollte man seine Nieren richtig durchspülen und deshalb über den Tag verteilt möglichst drei Liter trinken: Wasser, Saft, Früchte- oder auch Kräutertee.

20 Sonntag

13.59

Mußestunden

Von 12.53 bis 14.53 Uhr bilden Mond und Sonne ein Trigon. Stimmen Sie sich jetzt auf den weiteren Tag mit schöner Musik ein. Dann spüren Sie sehr deutlich, wie alle trüben Gedanken immer mehr verschwinden. Das verschafft Ihnen neuen Optimismus!

Tipp Sagen Sie zu, falls man Sie kurzfristig zum Essen einlädt. Sie werden am heutigen Waagetag sicherlich sehr interessante Stunden verbringen.

21
Montag

Sommeranfang

Elementegruppe: ***Wasser***
Besondere Nahrungsverträglichkeit: ***Kohlenhydrate***
Beeinflusster Pflanzenteil: ***Blatt***
Dominierte Körperregionen: ***Sexualorgane, Harnleiter***

! Sie sollten sich heute nicht scheuen, Ihr Konzept oder Ihren Zeitplan notfalls völlig umzuwerfen. Sie werden dann schnell erkennen, dass das die nötige Lösung bringt. So können Sie endlich erleichtert und dadurch effizienter weiterarbeiten.

Denken und fühlen
Sie quälen sich und den Partner oft mit Ihrer Eifersucht? Vielleicht haben Sie ja einfach nur zu wenig Vertrauen! Denken Sie darüber einmal nach.
Schaffen Sie sich zu diesem Zweck am Abend dieses Skorpiontags eine meditative Atmosphäre, und halten Sie Innenschau.
Und nehmen Sie für Ihr Wohlgefühl vor der Bettruhe noch ein Lavendelbad. Das verwöhnt Sie und sorgt für besonders ruhigen Schlaf.

22
Dienstag

14.57

! Wenn Sie heute jemand um ein Gespräch bittet, sollten Sie sich die nötige Zeit dafür nehmen, ihm genau zuhören und auch sehr ehrlich antworten. Aber beweisen Sie vor allem, dass Sie ein großes Herz haben!

Die Vernunft obsiegt
Selbst berechtigter Ärger über gewisse Kollegen kann Sie jetzt nicht dazu bringen, nur noch Alleingänge zu bringen. Sie bleiben gesprächsbereit.

In Küche und Garten
Haben Sie heute genug Muße, um selbst zu kochen? Dann krönen Sie Ihr Essen doch mit frisch gepflückten Blättern aus dem Kräutergarten! Frische Blattkräuter sind nämlich ein wesentlicher Beitrag zur gesunden Ernährung. Wenn Sie sie an diesem Skorpiontag pflücken, sind sie besonders saftig.
Jetzt kann schon Blumenkohl für die Herbsternte ausgesät werden. Zudem begünstigt der Mond es, Spinat und Kohlrabi ins Freiland zu säen.

23
Mittwoch

Elementegruppe: Feuer
Besondere Nahrungsverträglichkeit: Eiweiß
Beeinflusster Pflanzenteil: Frucht
Dominierte Körperregionen: Oberschenkel, Venen

! Gibt es momentan ein paar Sorgen? Lassen Sie sich davon nicht unterkriegen! Eine Krise ist immer auch eine Gelegenheit, sich selbst wieder ein Stück weit zu finden bzw. besser zu begreifen und vielleicht einiges im Leben sogar ganz neu zu definieren.

Im Garten …
Eine Bauernregel besagt, dass Buschbohnen nie später als am 10. Juli in die Erde sollen. Dieser Fruchttag ist der letzte optimale Aussaattermin.

… und im Haus
Wer bei zunehmendem Mond im Schützen Arbeiten mit Holz verrichtet, muss damit rechnen, dass es zu stark arbeitet und sich dadurch verzieht.

24
Donnerstag

20.41

15.06

Johannistag

An Schützetagen fällt es meist recht leicht, neue Kontakte aufzubauen. Die **Aufgeschlossenheit** für Neues spielt dabei eine wesentliche Rolle.

Die Mondkonstellation begünstigt nun vor allem die Beschäftigung mit Rechtsangelegenheiten. Ein paar **Telefonate**, und Sie haben viel erreicht!

Wer gewinnend ist,
hat im Leben nicht viel zu verlieren.
Klaus Klages

Der pure Genuss
Vollmond in einem Fruchtzeichen. Pressen Sie sich jetzt Ihren Obstsaft unbedingt einmal selbst aus. Der Geschmack wird Sie wirklich überzeugen.

25
Freitag

Elementegruppe: **Erde**
Besondere Nahrungsverträglichkeit: **Salz**
Beeinflusster Pflanzenteil: **Wurzel**
Dominierte Körperregionen: **Knie, Haut, Knochen**

Dieser Steinbocktag bei abnehmendem Mond ist sehr gut geeignet, um eine sorgfältige **Nagelpflege** an Händen sowie Füßen durchzuführen.

Durch Ihre heutige Arbeitsauffassung schaffen Sie es auch, Ihre Kollegen entscheidend zu motivieren. Mit einer gemeinsamen **Projektplanung** geht es daher gut voran.

Die Mondkonstellation ist optimal, um den Garten nach frisch gesprossenem **Unkraut** zu durchforsten und falls nötig auch gleich zu jäten.

Wurzelgemüse, das Sie frisch geerntet haben, aber nicht gleich verzehren möchten, können Sie beim heutigen Mondstand auch bestens einkochen.

26
Samstag

16.10

Flexibilität
Von 9.36 bis 11.36 Uhr gehen Mond und Pluto eine Konjunktion ein. Da sind Sie fähig, Ihre Pläne auch ganz kurzfristig zu ändern. Dadurch beweisen Sie nicht nur Ihre Vielseitigkeit, sondern auch Geschäftssinn.

Garten und Haus
- Nun sind die unterschiedlichsten Arbeiten begünstigt: z. B. Wurzelgemüse säen oder pflanzen, den Boden lockern, mulchen und Kompost umsetzen.
- Die momentane Mondkonstellation unterstützt außerdem alle Arbeiten rund ums Dach: ob mit Holz oder Ziegel, ob Bau, Reparatur oder auch Reinigung.

Der große Einsatz ist so viel einfacher
als der alltägliche – aber er verschließt
so leicht unser Herz gegen diesen.

Dag Hammarskjöld

27
Sonntag

Siebenschläfer

Elementegruppe: **Luft**
Besondere Nahrungsverträglichkeit: **Fett**
Beeinflusster Pflanzenteil: **Blüte**
Dominierte Körperregionen: **Unterschenkel, Venen**

Obst und Rosen

- Wahrscheinlich ist nun an einigen Obstbäumen der Fruchtbehang schon ziemlich dicht. Dünnen Sie ihn durch Schütteln oder Pflücken aus.
- Nun herrschen oft die klimatischen Bedingungen, die zum Mehltaubefall bei Rosen führen. Betroffene Pflanzenteile muss man sofort entfernen.

Um 21.09 Uhr beginnt eine **Mondpause**, die sich insgesamt knapp 23 Stunden hinziehen wird.
Zu diesem Zeitpunkt bildet der Mond zudem für zwei Stunden ein Trigon mit Merkur: Jetzt ist also Kommunikation angesagt. Egal, was Sie da mit Partner oder Freunden unternehmen – es dürfte eine entspannte, ja humorvolle Stimmung herrschen.

28
Montag

19.52

Die seit gestern gegebene **Mondpause** dauert noch bis 19.52 Uhr.
Heute sollten Sie daher möglichst einen Mittelweg finden. Verhalten Sie sich im Umgang mit anderen weder zu überschwänglich noch zu reserviert. Signalisieren Sie, dass Sie kontaktbereit sind – aber auch nicht um jeden Preis!

Linderung

Quälen Sie Krampfadern? Vor allem wenn der Mond in Wassermann oder Fische steht, hat Ringelblumensalbe eine besonders starke Wirkung.

Dach und Balkon

- Die jetzige Mondkonstellation ist hervorragend für alle Ausbesserungs- oder Reinigungsarbeiten an den Dachziegeln geeignet.
- Wie sehen mittlerweile Ihre Balkonpflanzen aus? Neue Knospen für eine Nachblüte können sich immer nur dann bilden, wenn alles entfernt wird, was schon verblüht ist.

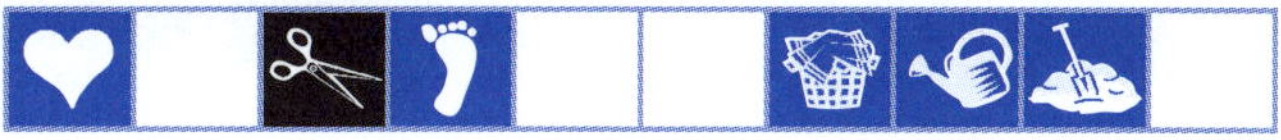

29
Dienstag

***Elementegruppe:* Wasser**
***Besondere Nahrungsverträglichkeit:* Kohlenhydrate**
***Beeinflusster Pflanzenteil:* Blatt**
***Dominierte Körperregionen:* Füße, Zehen**

Fischemond und Psyche

- Kümmern Sie sich an Wassertagen generell immer auch um Ihr Nervenkostüm. Blocken Sie vor allem vieles ab, das von außen an Sie herangetragen wird und einfach nicht wichtig genug ist!
- Die besondere Sensibilität bei diesem Mondstand macht es einem zudem oft noch schwerer, mit anderen umzugehen. Gehen Sie notfalls immer schnell genug in Deckung!
- Entspannung ist das oberste Gebot am Ende dieses Fischetags. Die einfachste Methode: Möglichst früh ins Bett gehen und richtig ausschlafen!

Wer schlafen kann, darf glücklich sein.

Erich Kästner

30
Mittwoch

Der richtige Weg

Sie setzen Ihre Ideen weiterhin konsequent um. Momentan ist es Ihnen eh am wichtigsten, dass Sie vor allem selbst an sich glauben können!

Fischemond und Küche

Was Sie jetzt ernten, bestimmt Ihren Speiseplan. Denn Sie sollten das Erntegut wegen erhöhter Schimmelgefahr nicht einlagern oder einkochen. Wie wäre z. B. ein leichtes und schmackhaftes Gemüsefondue?

Die Alternative

Sommer und Wärme: Laufen Sie bei schönem Wetter so viel wie möglich barfuß. Besonders beim jetzigen Mondstand wird Ihnen das sehr guttun.

Tipp Nun kann man schon den Komposthaufen für den Herbstverbrauch umsetzen. Momentan enthält er nämlich noch recht wenig Schneckeneier.

1
Donnerstag

23.12

03.22

Elementegruppe: **Feuer**
Besondere Nahrungsverträglichkeit: **Eiweiß**
Beeinflusster Pflanzenteil: **Frucht**
Dominierte Körperregionen: **Kopf, Gesicht**

Widdermond, Eros und Erfolg

Verzichten Sie auf große Reden und die üblichen Tricks. Bei diesem Mondstand sollte allein Ihr Charme für Sie sprechen, wenn Sie flirten wollen. Lassen Sie sich durch Neuigkeiten, die Ihre berufliche Strategie stören, nicht aus der Fassung bringen, sondern überlegen Sie sich sofort Alternativen!

2
Freitag

Mond und Gesundheit

- Bei abnehmendem Mond schlägt eine Abmagerungs- oder Entschlackungskur ziemlich gut an. Für die Blutreinigung empfiehlt sich vor allem Brennnesseltee.
- Sie wissen ja: An Widdertagen ist das Risiko eines Migräneanfalls deutlich erhöht. Übertreiben Sie es deshalb möglichst nicht mit den Genussmitteln!

Tipp Freunde des Grillens müssen vor allem an Feuertagen sehr vorsichtig sein. Denn jetzt kann Fett sehr heiß werden und zu brennen beginnen!

3
Samstag

14.29

Mond, Garten und Vorratshaltung

- Die momentane Mondkonstellation ist günstig, um mit dem Astring alle Wasserschosse und Wildtriebe an den Obstbäumen zu entfernen.
- Sehen Sie nach Ihren Brombeer- und Himbeersträuchern: Ist es vielleicht Zeit, dass jetzt die Jungruten ausgedünnt werden? Tun Sie es, falls nötig.
- Obst, das bei abnehmendem Mond im Widder geerntet wird, ist perfekt für das Einkochen oder Einfrieren geeignet. Es behält absolut sein Aroma.

4 Sonntag

Elementegruppe: **Erde**
Besondere Nahrungsverträglichkeit: **Salz**
Beeinflusster Pflanzenteil: **Wurzel**
Dominierte Körperregionen: **Kiefer, Hals, Nacken**

Stiermond und Körperregion
Ohrenschmerzen? An Stiertagen nicht selten! Da hilft: etwas Olivenöl mit 4 Tropfen Teebaumöl mischen, erwärmen und per Pipette ins Ohr träufeln.

Beziehungsleben
Für Partnerschaften ist dieser Mondstand ziemlich optimal: Man ist sinnlich, es herrscht viel Harmonie, und man spricht in aller Regel gern über die gemeinsame Zukunft.

Freizeit
Ein günstiger Tag für alle Hobbykünstler! Die Mondkonstellation sorgt nun für viel Geduld und das nötige Fingerspitzengefühl, so dass alles gelingt.

5 Montag

Gesundheit
Eingriffe im Hals-Kiefer-Nacken-Bereich sind jetzt nicht günstig. In allen anderen Körperregionen kann aber problemlos operiert werden.

Stiermond und Pflanzenwelt
- Mondphase und -stand begünstigen die Aussaat von Wurzelgemüse ins Freiland: beispielsweise von Radieschen, Roten Beten und Rettich.
- Nun sind höchstwahrscheinlich schon Äpfel, Sauerkirschen, Strauchbeeren, Karotten und Pflücksalat so weit, dass sie geerntet werden können.
- Auch wenn jetzt ein Erdtag gegeben ist – das Sammeln von heilkräftigen Wurzeln verschieben Sie besser auf einen Jungfrau- oder Steinbocktag.

Geschäftsleben
Heute ist ein guter Mondtermin, um größere Anschaffungen genauestens zu planen. Falls schon geschehen, gehen Sie jetzt gleich an die Umsetzung!

6
Dienstag

03.25

Elementegruppe: **Luft**
Besondere Nahrungsverträglichkeit: **Fett**
Beeinflusster Pflanzenteil: **Blüte**
Dominierte Körperregionen: **Schultern, Arme, Hände**

Obst, Gemüse, Kräuter

- Obst und Gemüse, das besonders bei diesem Mondstand die Muskeltätigkeit unterstützt: Johannisbeeren, Kiwis, Brokkoli, Kartoffeln und Kopfsalat.
- Der abnehmende Mond in den Zwillingen begünstigt das Trocknen und Abfüllen von Kräutern sowie zusätzlich die Herstellung von Salben.

7
Mittwoch

Haus und Garten

- Lüften Sie Haus oder Wohnung ausgiebig durch. Bei abnehmendem Mond in einem Luft- oder Feuerzeichen sind die besten Termine dafür.
- Besitzen Sie ein Gewächshaus? Das müssen Sie im Sommer regelmäßig (vor allem mittags) gründlich lüften, um einen Hitzestau zu vermeiden.
- Die Mondkonstellation begünstigt jetzt vor allem folgende Arbeiten: oberirdische Schädlinge bekämpfen, Blütengehölze düngen sowie alles ernten, was zu trocknen ist.

8
Donnerstag

15.52

Prioritäten setzen

- Arbeit, die unbedingt gleich erledigt werden muss, nehmen Sie beim jetzigen Mondstand auch als Erstes in Angriff. Und das mit Engagement!
- Vor allem in einer festen Beziehung sollte für ein Gespräch, das der Partner wünscht, immer genug Zeit sein. Und das erfüllen Sie heute.

Aufmerksamkeit ist das Leben!

Goethe

9
Freitag

Elementegruppe: **Wasser**
Besondere Nahrungsverträglichkeit: **Kohlenhydrate**
Beeinflusster Pflanzenteil: **Blatt**
Dominierte Körperregionen: **Magen, Lunge, Galle, Leber**

Dickes Plus

Die momentane Mondkonstellation begünstigt alle Arbeiten, für die man sehr viel Feingefühl benötigt. Nützen Sie also diese Gelegenheit.

Grundsätzlich

An Krebstagen ist man eigentlich sehr kommunikativ. Und doch kann der Umgang mit den anderen oftmals durch eine zu hohe Erwartungshaltung erschwert sein.

In diesem Fall

Der heutige Feierabend ist noch mal so schön, wenn Sie möglichst viel Zeit mit dem Partner, der Familie oder guten Freunden verbringen.

10
Samstag

03.18

Vorstoß

Von 13.12 bis 15.12 Uhr bilden Neumond und Neptun ein Trigon. Da könnten Sie die zündende Idee haben, wie Sie eine völlig veraltete Vorgehensweise durch eine neue, effizientere ersetzen. Durch die Sie dann Ihre Arbeit wesentlich vereinfachen und somit abkürzen würden!

Für die Leichtigkeit des Seins

- Keine Lust zu fasten? Dann ernähren Sie sich an diesem Krebstag zumindest leicht und gesund: z. B. mit frischem Gemüse statt Braten.
- Vor dem Schlafengehen sollten Sie noch ein kurzes Beruhigungsbad mit 3 EL Baldriantinktur oder 100 g Fenchel als Zusatz nehmen. Dann ist Ihnen eine ungestörte Nachtruhe gewiss.

11
Sonntag

02.22

Elementegruppe: Feuer
Besondere Nahrungsverträglichkeit: Eiweiß
Beeinflusster Pflanzenteil: Frucht
Dominierte Körperregionen, -funktionen: Herz, Kreislauf, Blutdruck

Körper und Geist

- Gymnastische Übungen, die zur Stärkung der Rückenmuskulatur beitragen, sind bei zunehmendem Mond im Löwen sehr wirksam.
- Besonders der Sommer ist die Zeit der Open-Air-Veranstaltungen. Und bei diesem Mondstand wirkt solch eine Unterhaltung noch erbaulicher.

Löwemond und Liebe

Beim momentanen Mondstand sind Leidenschaft und Zärtlichkeit Trumpf. Schaffen Sie sich mit dem Partner die dazu passende Atmosphäre!

Wem der Himmel helfen will, dem hilft er durch die Liebe.

Laotse

12
Montag

Heute ist ab 14.30 Uhr eine 20-stündige **Mondpause** gegeben. Sie ist die einzige wirklich bedeutende in diesem Monat.
Unter dem Einfluss des Löwemonds sind Sie sicher entschieden, für Ihre Karriere viel zu tun. Denken Sie jetzt wieder einmal in Ruhe darüber nach, was Sie diesbezüglich noch alles in die Wege leiten könnten oder sollten.

Haus und Garten

- Sammeln Sie Fallobst von vornherein ein, damit keine Insektenlarven aus kranken Früchten in den Boden kriechen, um dort zu überwintern.
- Haben Sie jetzt schon zu viel geerntet, so dass Sie nicht gleich alles aufbrauchen können? Frieren Sie es ein. Am heutigen Fruchttag ist diese Arbeit besonders günstig.
- Wenn Sie nun Obstgehölze veredeln, steigt der Pflanzensaft schnell in das Edelreis und unterstützt dort letztlich die Fruchtentwicklung.

13 Dienstag

10.32

Elementegruppe: **Erde**
Besondere Nahrungsverträglichkeit: **Salz**
Beeinflusster Pflanzenteil: **Wurzel**
Dominierte Körperfunktionen: **Stoffwechsel, Verdauung**

Aus der Freizeit das Beste machen

- Machen Sie sich bei schönem Wetter auf zu Mutter Natur. Aber nehmen Sie eine Decke mit, wenn Sie im Gras sitzen wollen. Heute ist ein Erdtag!
- Kosmetiksalben sollten Sie jetzt nicht selber herstellen. Erst dann, wenn der Mond wieder aufsteigt (Schütze bis Stier), sind die Termine günstig.

14 Mittwoch

An Erdtagen wird Salz vom Körper besonders gut verwertet. Aber alle, die an **Bluthochdruck** leiden, müssen jetzt etwas vorsichtiger dosieren.

Steigern Sie sich heute nicht gleich in alles zu sehr hinein, sonst wird Ihnen das gehörig auf den Magen schlagen. Schonen Sie Ihre **Nerven**!

Jungfraumond: Da würde es Ihnen kaum schwerfallen, notfalls Ihre Freizeit dem Beruf zu opfern. Denn Sie wissen, dass gerade die **Pflicht** vorgeht.

15 Donnerstag

16.33

Gartenarbeit

- Bei dieser Mondkonstellation sollten Sie alle offenen Bodenflächen in den Beeten hacken, um die Erde dort wieder mal richtig aufzulockern.
- Der Jungfrautag eignet sich auch, um strapazierte Rasenflächen auszubessern oder ganz neue anzulegen.

Tipp Wer sich heute selbst nicht zu wichtig nimmt, auch mal über sich lachen kann und andere nicht provoziert, hat mehr von diesem Tag!

16 Freitag

Elementegruppe: ***Luft***
Besondere Nahrungsverträglichkeit: ***Fett***
Beeinflusster Pflanzenteil: ***Blüte***
Dominierte Körperregionen: ***Hüfte, Nieren, Blase***

Mond und Körperfülle
Wenn Sie im Moment auf Ihre Linie achten müssen, sollten Sie bei der jetzigen Mondkonstellation unbedingt auf fette Mahlzeiten verzichten.

Mond und Verständnis
Manchmal muss man sich auf Kollegen, die einem sehr fremd sind, etwas intensiver einlassen. Dann erkennt man eher eine gemeinsame Basis. Dieser Waagetag ist dafür geeignet.

Jetzt schon an den Herbst denken
Die Mondkonstellation begünstigt das Setzen von herbstblühenden Zwiebelgewächsen, wie beispielsweise Herbstzeitlose oder Herbstkrokus.

17 Samstag

12.12

20.39

Tipp Holen Sie den Sommer auch ins Haus! Verschönern Sie Ihre vier Wände mit einem frischen Blumenstrauß oder bunten Blütenpotpourri.

Es liegt was in der Luft
An diesem Waagetag dürfen Singles gespannt sein. Heute könnte es nämlich passieren, dass man sich bis über beide Ohren verliebt. Also unbedingt alle Antennen ausfahren!

Tipp Werden Sie von Fliegen und Mücken geplagt? Legen Sie eine halbe mit Nelken gespickte Zitrone auf die Fensterbank. Der Geruch hält sie ab.

Erkenntnisse
Wer zwischen 22.24 und 00.24 Uhr (Mond-Jupiter-Trigon) die Muße besitzt, über einige seiner Lebensziele nachzudenken, wird schnell die Spreu vom Weizen trennen können. Und sich selbst ein Stück weit besser begreifen!

18
Sonntag

Elementegruppe: **Wasser**
Besondere Nahrungsverträglichkeit: **Kohlenhydrate**
Beeinflusster Pflanzenteil: **Blatt**
Dominierte Körperregionen: **Sexualorgane, Harnleiter**

! Mit Kleinlichkeit erreicht man heute eher das Gegenteil dessen, was man eigentlich beabsichtigt hat! Man wird mit solch einem Verhalten nichts retten können, sondern womöglich etwas verlieren, das einem wichtig ist.

So viel Temperament
Sie haben es in der Hand, ob sich Ihre Leidenschaft an diesem Skorpiontag als sinnliches Verlangen oder als aggressive Eifersucht äußert!

Die Leiden sind wie die Gewitterwolken:
In der Ferne sehen sie schwarz aus,
über uns grau.
Jean Paul

19
Montag

23.09

Tipp Verurteilen Sie die Kritik eines Kollegen nicht voreilig als typisches Konkurrenzverhalten. Vielleicht ist er auf Ihrer Seite und möchte nur helfen.

Was ist im Garten zu tun?
- Mondphase und -stand sind sehr günstig, um die späteren Blattgemüse im Freien auszusäen, wie z. B. Chinakohl, Pak Choi und Winterradicchio.
- Ernten Sie wieder einmal frische Kräuter. Bei dieser Mondkonstellation sind alle Blattkräuter ganz besonders saftig und gehaltvoll.
- Alles, was mit Wasserbaumaßnahmen im Garten zu tun hat, wird an diesem Skorpiontag gut gelingen. Auch eine Quellensuche ist nun begünstigt.

Ob Film, Lektüre oder Theater
An einem Skorpiontag ist man in aller Regel leider nicht in der richtigen Stimmung für moderne Kunst. Entscheiden Sie sich heute also besser für einen typischen Klassiker.

20
Dienstag

Elementegruppe: ***Feuer***
Besondere Nahrungsverträglichkeit: ***Eiweiß***
Beeinflusster Pflanzenteil: ***Frucht***
Dominierte Körperregionen: ***Oberschenkel, Venen***

Körper und Wohlbefinden

- Mondphase und -stand unterstützen alle gymnastischen Übungen, die vor allem die Körperregionen Rücken und Oberschenkel stärken sollen.
- Ernähren Sie sich wieder einmal leicht und gesund, z. B. mit Obst, das nun bekömmlich und aufbauend ist, z. B.: **Grapefruits**, die gegen Krampfadern helfen; **Kirschen**, die den enzymatischen Abbau des Bindegewebes aufhalten; **Kiwis**, welche die Muskeltätigkeit anregen sowie das Bindegewebe und die Venen festigen.

Mond und Job

Eine Verhandlung, die Sie heute führen müssen, können Sie mit sehr gutem Ergebnis abschließen, wenn Sie keine Minute die Konzentration verlieren.

21
Mittwoch

Mond und Garten

- Jetzt beeinflusst der Mond das Einkochen von Früchten sowie das Einfrieren von Fruchtgemüse und Obst besonders günstig.
- Bei zunehmendem Mond im Schützen haben Sie optimale Termine für das Legen von Buschbohnen, das Pflanzen von Erdbeeren und die Obsternte.
- Das Unkraut dürfte momentan noch sehr verbreitet sein. Jäten sollten Sie bei dieser Mondkonstellation aber besser nicht – es wäre ungünstig!

Ob beruflich oder privat

Von 16.07 bis 18.07 Uhr bilden Mond und Mars ein Trigon. Da können Sie Ihre diplomatische Vielseitigkeit und Ihr einnehmendes Wesen zur Geltung bringen. Das ist der beste Weg, um zu bekommen, was Sie wollen!

Tipp Heute ist ein Abendspaziergang empfehlenswert – ob Sie sich die Beine vertreten oder vor allem Ihren Kopf freibekommen wollen.

22 Donnerstag

00.37

Elementegruppe: **Erde**
Besondere Nahrungsverträglichkeit: **Salz**
Beeinflusster Pflanzenteil: **Wurzel**
Dominierte Körperregionen: **Knie, Haut, Knochen**

! Bemühen Sie sich schon viel zu lange ohne Erfolg, eine stimmige Systematik in die Ablage Ihrer Unterlagen zu bekommen? Greifen Sie jetzt auf das Angebot eines Kollegen zurück, Sie zu unterstützen. Gemeinsam klappt es sicher besser!

Das Beste für Haus und Garten

- An Steinbocktagen hat man meist viel Sinn für Ordnung. Räumen Sie daher wieder mal die vernachlässigten Schubladen und Ablagen auf.
- Bei diesem Mondstand können z. B. Zwiebeln, Lauch, Karotten geerntet werden. Auch das Einlagern dieser Wurzelgemüse ist günstig.
- Und andere wichtige Arbeiten sind jetzt das Feststampfen des Komposthaufens sowie das Wässern der durstigsten Pflanzen.

23 Freitag

Tipp An Steinbocktagen ist man meistens sehr diszipliniert. Fällt Ihnen das sonst aber eher schwer? Denken Sie nach, wie Sie das ändern können!

Sich selbst fordern

Behandeln Sie heute niemanden schlecht, nur weil Sie selbst nicht in bester seelischer Verfassung sind. Da ist Distanz sicher eine Notlösung!

Wir sollen nicht bloß Menschen,
wir sollen auch mehr als Menschen sein.

Novalis

- Bei diesem Mondstand müssen Sie – ob Sie Sport treiben oder nicht – darauf achten, dass Sie Knochen und Gelenke **nicht überlasten**.
- Nehmen Sie sich für den Feierabend vor, dass alles, was Sie machen, Sie in erster Linie **nicht stressen** darf, weil Sie sich einfach nur erholen wollen!

24
Samstag

04.38

02.14

Elementegruppe: Luft
Besondere Nahrungsverträglichkeit: Fett
Beeinflusster Pflanzenteil: Blüte
Dominierte Körperregionen: Unterschenkel, Venen

Sammeln und jagen

- Vollmond im Wassermann ist ein wirklich sehr guter Termin für das Sammeln von Heilkräutern, deren Blüten Sie verwenden wollen.
- Der Mondstand macht erfinderisch und zugleich so kontaktfreudig, dass es jetzt eigentlich kein Problem sein dürfte, sich bestens zu verkaufen.

Bei dieser Mondkonstellation kann man schneller in Streit geraten, als man glaubt. Dann hilft es sehr, mit offenen Armen auf den anderen zuzugehen! So können Sie z. B. in den Abendstunden von 20.26 bis 22.26 Uhr (Mond-Saturn-Konjunktion) mit nur wenigen Worten Ihr Gegenüber davon überzeugen, dass es für beide besser ist, den Konflikt ein für alle Mal zu beenden.

25
Sonntag

! Regen Sie sich über schlechte Eigenschaften anderer, wie Rücksichtslosigkeit, nicht auf. Es ist viel konstruktiver, mit gutem Beispiel voranzugehen. Nur das kann Ihre Stimmung nachhaltig verbessern!

Tipp An Wassermanntagen sind Venenentzündungen an den Beinen keine Seltenheit. Dagegen helfen aber z. B. Umschläge mit Huflattichblättern.

Möchten Sie heute einen Freund treffen, den Sie lange nicht mehr gesehen haben? Dieser Mondstand ist für einen Gedankenaustausch sehr günstig!

In den Gedanken ist mehr Wirklichkeit
als in den Dingen.

Gustave Flaubert

Elementegruppe: ***Wasser***
Besondere Nahrungsverträglichkeit: ***Kohlenhydrate***
Beeinflusster Pflanzenteil: ***Blatt***
Dominierte Körperregionen: ***Füße, Zehen***

26
Montag

05.31

Guter Wochenstart

- Auch wenn Sie heute nicht sehr konzentriert und motiviert sind – Ihre Kreativität an diesem Fischetag kann doch so einiges wieder wettmachen!
- Heute haben Sie endlich den Mut, Ihrem Partner gegenüber etwas anzusprechen, das Sie schon lange beschäftigt. Das ist ein Gewinn für Sie beide!

Fischemond und Körper

Gegen ein Glas zum Essen ist natürlich nichts zu sagen. Aber bei diesem Mondstand sollten Sie möglichst nie größere Mengen Alkohol trinken.

Tipp Die jetzige Mondkonstellation begünstigt die Aussaat von Wintersalat, Pak Choi und Chinakohl sowie das Auspflanzen von Kopfsalat.

27
Dienstag

! Wenn Sie heute jemanden kennenlernen, der interessant, aber schwierig zu sein scheint, kann etwas Skepsis nicht schaden. Grundsätzliches Misstrauen vergiftet allerdings von vornherein alles. Sie sollten also unbedingt aufmerksam bleiben!

Zu empfehlen

- Nun passen Zeitpunkt und Mondphase, um an laubabwerfenden Hecken, z. B. Hain- oder Rotbuche, den Sommerschnitt vorzunehmen.
- Die Mondkonstellation bedingt jetzt, dass das Entfernen von hartnäckigen Flecken relativ leicht und ziemlich erfolgreich ist.

Nicht zu empfehlen

Müssen Sie in finanziellen Angelegenheiten Entscheidungen treffen? Auf die kommenden Stiertage verschieben – dieser Mondstand ist ungünstig!

28
Mittwoch

11.59

Elementegruppe: **Feuer**
Besondere Nahrungsverträglichkeit: **Eiweiß**
Beeinflusster Pflanzenteil: **Frucht**
Dominierte Körperregionen: **Kopf, Gesicht**

Konfliktlösung leicht gemacht

- Versuchen Sie jetzt, auf einen Konkurrenten zuzugehen und sich nochmals um einen Kompromiss zu bemühen. Wahrscheinlich ist ihm das sehr recht.
- Besitzt Ihr Partner ein anderes Zeitgefühl als Sie? Plagen Sie ihn nicht mit Ihrer Ungeduld! Bemühen Sie sich einfach, seine Eigenheit zu akzeptieren.

29
Donnerstag

Der Konsum von Genussmitteln kann vor allem an Widdertagen zu einem Migräneschub oder zu **Kopfschmerzen** führen. Trinken Sie weniger Kaffee!

Bei **Augenbeschwerden** sollte man sich warme Kamillen- oder Pfefferminzteebeutel, die man nur kurz im Wasser ziehen ließ, auf die Lider legen.

Haben Sie am heutigen Widderabend viel vor? Stürzen Sie sich z.B. ins Nachtleben? Nehmen Sie zuvor ein **aphrodisisches Bad** – das stimuliert!

30
Freitag

22.09

Die momentane Mondkonstellation begünstigt es, bei den besonders stark wachsenden **Tomaten** die Achseltriebe zu entfernen.
Jetzt sollten Sie Ihre **Obstgehölze** düngen. Dadurch können Sie wirkungsvoll die Bildung der Blütenansätze im nächsten Frühjahr unterstützen.

Freitagabendprogramm
Der Mondstand begünstigt nun die unterschiedlichsten Aktivitäten. Haben Sie mehr Lust auf Sport, Tanzen oder Theater? Wollen Sie Freunde treffen?

31
Samstag
15.17

Elementegruppe: ***Erde***
Besondere Nahrungsverträglichkeit: ***Salz***
Beeinflusster Pflanzenteil: ***Wurzel***
Dominierte Körperregionen: ***Kiefer, Hals, Nacken***

Gehör und Genick

- Wenn der Mond den Stier durchwandert, verträgt man Lärm viel weniger als an anderen Tagen. Meiden Sie deshalb möglichst alle lauten Orte.
- Wer sich heute im Genick etwas steif fühlt, ist gut beraten, wenn er zwischendurch ein paar Dehnübungen zur Entspannung des Nackens macht.

Geld und Geschick

- Jetzt fällt es Ihnen sicherlich nicht schwer, bezüglich einiger Geldangelegenheiten die fälligen Entscheidungen zu treffen. Dieser Mondstand ist dafür ziemlich günstig.
- Stiertage generell, aber vor allem die bei abnehmendem Mond, sind erfahrungsgemäß sehr gut für alle größeren Anschaffungen geeignet.

1
Sonntag

Nationalfeiertag der Schweiz

Mond und Gartenarbeit

- Für alle Liebhaber von Knoblauch: Der abnehmende Augustmond in einem Erdzeichen ist ein sehr guter Termin, um dieses Gemüse zu stecken.
- Mondphase und -stand sind zudem günstig für die Aussaat von Teltower Rübchen, Winterrettich, Radieschen oder auch Möhren.

Mond und Haus

- Muss im Haus etwas gestrichen oder lackiert werden? Die Mondkonstellation trägt dazu bei, dass diese Arbeit schnell und gut erledigt wird.
- Zurzeit kommt viel Erntegut zusammen, das man nicht sofort verbrauchen kann. An diesem Erdtag ist das Einkochen von Wurzelgemüse günstig.

Freizeitgestaltung

Nutzen Sie den Sommer, solange er noch anhält. Falls es Ihre Planung für heute irgendwie zulässt – unternehmen Sie auch etwas in der freien Natur!

2 Montag

10.47

Elementegruppe: **Luft**
Besondere Nahrungsverträglichkeit: **Fett**
Beeinflusster Pflanzenteil: **Blüte**
Dominierte Körperregionen: **Schultern, Arme, Hände**

Stillstand
Ist bei Ihnen eine Entscheidung fällig? Sie fühlen sich aber überhaupt nicht in der Lage, sie jetzt zu treffen? Das ist bei diesem Mondstand kein Wunder! Tun Sie sich den Gefallen und vertagen Sie das Ganze möglichst bis zum Wochenende.

3 Dienstag

Zeit für Gartenarbeit
- Wenn der abnehmende Mond in einem Luftzeichen steht, ist es günstig, frühlingsblühende Stauden bis kurz über dem Boden zurückzuschneiden.
- Nützen Sie diese Mondphase noch, um gegen Schädlinge vorzugehen.

Zeit für Kontakte
Ob man eine Bekanntschaft pflegt, eine Freundschaft festigt oder in einer Beziehung lebt – an Zwillingetagen ist Kommunikation großgeschrieben!

4 Mittwoch

23.18

Kampf der Feuchtigkeit!
Die momentane Mondkonstellation und die Wärme des Augusts sind geradezu Garanten für das erfolgreiche Beseitigen von Feuchtigkeit oder gar Schimmel an Wänden.

Sieg der Klugheit
Bei diesem Mondstand sind Beobachtungsgabe und Wissbegierigkeit sehr groß. Darum fällt einem das Lernen jetzt auch überhaupt nicht schwer.

5 Donnerstag

Elementegruppe: *Wasser*
Besondere Nahrungsverträglichkeit: *Kohlenhydrate*
Beeinflusster Pflanzenteil: *Blatt*
Dominierte Körperregionen: *Magen, Lunge, Galle, Leber*

Körper
Schonen Sie beim jetzigen Mondstand ganz bewusst Leber und Galle. Da hilft es schon viel, wenn man auf zu viel Fett und Alkohol verzichtet.

Großkampftag ...
Sie wissen, dass nie etwas perfekt ist! Darum sind Sie an diesem Krebstag auch bereit, eine fast schon fertige Arbeit noch mal umzukrempeln, wenn Sie es als nötig erachten.

... und nötige Entspannung
Bereits ein kleiner Spaziergang, etwas Meditation oder die Nähe eines lieben Menschen kann dabei helfen, vom Arbeitsalltag Abstand zu gewinnen.

6 Freitag

Tipp Bei dieser Mondkonstellation ist nun die Aussaat von Wintersalat und Chinakohl günstig – aber auch Gründüngung zu säen bzw. einzuarbeiten.

Zwang
Bei diesem Mondstand können Sie mit dem Tüfteln nicht aufhören, wenn Sie von einer Idee begeistert sind. Der Inhalt ist aber wichtiger als die Form!

Der Mensch ist frei wie der Vogel im Käfig;
er kann sich innerhalb gewisser Grenzen bewegen.
Johann Kaspar Lavater

Freiheit
In den Abendstunden von 19.44 bis 21.44 Uhr (Mond-Neptun-Trigon) denken Sie nicht an die typischen Alltagssorgen. Somit ist es Ihnen möglich, so manche Sonnenseite des Lebens zu entdecken und voll zu genießen.

7
Samstag

09.33

Elementegruppe: ***Feuer***
Besondere Nahrungsverträglichkeit: ***Eiweiß***
Beeinflusster Pflanzenteil: ***Frucht***
Dominierte Körperregionen, -funktionen: ***Herz, Kreislauf, Blutdruck***

Gute Ratschläge für diesen Tag

- Streben Sie heute danach, mit Selbstsicherheit und Charme die anderen für sich einzunehmen – und nicht durch egozentrische Selbstdarstellung!
- Springen Sie z. B. über Ihren Schatten und stellen Sie die Erfüllung der eigenen Wünsche zugunsten des Partners etwas zurück. Das vermeidet nicht nur die eine oder andere Enttäuschung, sondern verschafft Ihnen noch mehr Anerkennung.

Rund ums Obst

Düngen Sie bei dieser dafür optimalen Mondkonstellation Ihre Obstgehölze. Dadurch können Sie wirkungsvoll die Bildung der Blütenansätze im nächsten Frühjahr unterstützen.

8
Sonntag

15.51

Wer in dieser Mondphase keinen Fasttag zur Entschlackung einlegen und zumindest Obst essen möchte, sollte folgende Sorten wählen, weil diese speziell an Löwetagen sehr **gesundheitsfördernd** wirken:

Ananas hebt den Eiweißstatus im Körper an.
Äpfel senken den Blutdruck und kräftigen Herz sowie Kreislauf.
Bananen wirken vorbeugend oder heilend in Sachen hoher Blutdruck.
Birnen tragen wesentlich zur Blutbildung bei.
Datteln stimulieren die Blutbildung, unterstützen einen erholsamen Schlaf.
Johannisbeeren fördern Herzfunktion und Blutbildung.
Kiwis regen die Herzmuskeltätigkeit an.
Pfirsiche stärken Blutgefäße und Kreislauf.
Weintrauben sind reich an Folsäure, was die Blutbildung unterstützt.

9

Montag

16.57

Elementegruppe: ***Feuer***
Besondere Nahrungsverträglichkeit: ***Eiweiß***
Beeinflusster Pflanzenteil: ***Frucht***
Dominierte Körperregionen, -funktionen: ***Herz, Kreislauf, Blutdruck***

Schlagfertigkeit

Von 7.46 bis 9.46 Uhr gehen Mond und Merkur eine Konjunktion ein. Mit der Fähigkeit, spontan und geistreich zu scherzen, meistern Sie jetzt eine Situation, die andernfalls sehr peinlich hätte werden können. Das Lachen befreit!

Was für die Gesundheit zu tun ist

- Bei zunehmendem Mond im Löwen muss jeder, der Herzmedikamente einzunehmen hat, die Dosierungsanweisungen ganz genau beachten.
- Nun hat man oft auch über besonders starke Rückenschmerzen zu klagen. Eine stärkende Massage der dortigen Muskulatur kann da jetzt echte Wunder bewirken.

Aphrodisisches Bad

Wer wieder mal eine Eroberung machen möchte, hat mit diesem Löwetag einen guten Termin gewählt. Frisch gewagt ist halb gewonnen – der Mond sorgt für erotisches Knistern!
Wenn Sie am heutigen Abend diesbezüglich also etwas vorhaben, z. B. ein Rendezvous, sollten Sie zuvor ein aphrodisisches Bad nehmen – das stimuliert die Sinne und vor allem die Sinnlichkeit!

Für solch ein Bad (nicht wärmer als 38 °C und nie länger als 30 Minuten) verrührt man 15 bis 20 Tropfen ätherischer Öle in 1 bis 2 Esslöffeln Neutralseife, Milch, Sahne oder flüssigem Honig.
Vollbad für die Frau Passende ätherische Öle, die dem weiblichen Lustgewinn dienen können, sind Geranium-, Jasmin-, Neroli- und Rosenöl.
Vollbad für den Mann Geeignete Aromaöle, die das sexuelle Interesse des Mannes steigern können, sind Weihrauch- und Zimtöl.

Nichts Schöneres unter der Sonne,
als unter der Sonne zu sein.

Ingeborg Bachmann

10
Dienstag

Elementegruppe: **Erde**
Besondere Nahrungsverträglichkeit: **Salz**
Beeinflusster Pflanzenteil: **Wurzel**
Dominierte Körperfunktionen: **Stoffwechsel, Verdauung**

Körper und Gefühl

- Der zunehmende Mond unterstützt die Genesung: Heute ist also beispielsweise ein geeigneter Termin für den Beginn einer Kur oder von Rehabilitationsmaßnahmen.
- Kritik könnte die Stimmung in der Familie jetzt gehörig trüben. Das spüren Sie ganz deutlich! Darum halten Sie sich bei Ihrer Wortwahl sehr zurück.

Gartenliebe

- Falls Sie einen Garten haben, sollten Sie ihn zwischendurch auch einfach mal genießen. Lustwandeln Sie dort, und atmen Sie die Düfte ein.
- Wenn Sie noch neuen Rasen anlegen wollen, sollten Sie sich dafür nicht länger als bis September Zeit lassen. Dieser Jungfrautag ist z. B. optimal!

11
Mittwoch

22.09

Gewusst wie

- Bei dieser Mondkonstellation bestehen gute Bedingungen für Einkaufsplanung, Geldanlagen und Kredite. Und Sie machen was daraus!
- Geduld ist eine wichtige Voraussetzung für die Entwicklung einer Beziehung. Daher sehen Sie jetzt über manches hinweg, das im Argen liegt.
- Nun ist es günstig, Zimmer nur kurz zu lüften und Böden nur zu saugen. Zudem ist das Umtopfen von Zimmerpflanzen gut, das Düngen aber nicht.

Leichter lernen

An Jungfrautagen, vor allem bei zunehmendem Mond, ist das Lernen von schwierigem Stoff begünstigt. Nützen Sie Ihre heutige Konzentration.

Der Mensch ist auf Erden, sich zu bilden,
und dann wieder die Welt.

Clemens Brentano

12
Donnerstag

Elementegruppe: Luft
Besondere Nahrungsverträglichkeit: Fett
Beeinflusster Pflanzenteil: Blüte
Dominierte Körperregionen: Hüfte, Nieren, Blase

Disziplin und Energie
Haben Sie versprochen, noch heute etwas endgültig wegzuarbeiten? Dann tun Sie's auch! Der Waagemond beflügelt, und so ist alles zügig erledigt.

Spätsommerluft
Dieser Tag ist gut für das Lüften von Zimmern und Garderobe. Allerdings sollten Sie jetzt nicht ganz so lange lüften wie bei abnehmendem Mond.

Selbstbeherrschung
Wer meint, dass es in seiner Partnerschaft grundsätzlich stimmt, sollte an diesem Waagetag auch nichts aufs Spiel setzen. Beispielsweise kleine Eifersüchteleien entschieden unterdrücken!

13
Freitag

Mond und Pflanzenwelt
- Falls Sie gewisse Stauden in Ihrem Garten teilen und verpflanzen möchten, sollten Sie es gleich heute tun. Der Mond unterstützt das jetzt sehr.
- Am späten Vormittag ist es günstig, heilkräftige Blüten zu sammeln. Man kann sie gegen die unterschiedlichsten Gesundheitsprobleme einsetzen.
- Haben Sie bereits vor einiger Zeit zweijährige Blumen angesät? Falls ja, können Sie sie bei dieser Mondkonstellation pikieren und auspflanzen.

Köstlich!
Im Sommer schmeckt Kuchen mit frischen Beeren am besten. Backen Sie doch einen! Mondphase und -stand tragen zum Gelingen bei.

Feierabend
Waagetage eignen sich für die Geselligkeit im Kreis von Freunden ebenso wie für romantische Stunden zu zweit. In welcher Stimmung sind Sie heute?

14
Samstag

02.02

Elementegruppe: **Wasser**
Besondere Nahrungsverträglichkeit: **Kohlenhydrate**
Beeinflusster Pflanzenteil: **Blatt**
Dominierte Körperregionen: **Sexualorgane, Harnleiter**

Der Garten ruft

- Wenn der zunehmende Mond in einem Wasserzeichen steht, ist ein günstiger Termin zum Rasenmähen gegeben. Ist es bei Ihnen wieder so weit?
- Chinakohl, Pak Choi und vergleichbares Blattgemüse sollte man jetzt nur noch auspflanzen. Für die Aussaat im Freiland ist es nun zu spät.
- Bei der momentanen Mondkonstellation ist es empfehlenswert, wintergrüne Kräuter auszusäen, wie beispielsweise Kerbel und Petersilie.

Schwung

Müssen Sie noch etwas für den Sonntag besorgen oder vorbereiten? Von 19.09 bis 21.09 Uhr (Mond-Mars-Sextil) haben Sie die richtigen Ideen und nötige Energie, so dass alles schnell zu Ihrer Zufriedenheit erledigt ist.

15
Sonntag

17.21

Mariä Himmelfahrt

Was jetzt dem Körper guttut

- Wenn der Mond im Skorpion steht, sollte man Unterkühlung, möglichst auch Stress vermeiden. So kann man Unterleibsbeschwerden vorbeugen!
- Bei dieser Mondkonstellation sind beispielsweise die Korrektur von eingewachsenen Nägeln und ein beruhigendes Bad besonders günstig.

Berg-und-Tal-Fahrt

An Skorpiontagen hat man sehr unterschiedliche Emotionen: Mal ist man sinnlich oder kalt, mal verliebt oder eifersüchtig – und oft auch sehr genervt. Möchten Sie etwas für den Abbau von negativem Stress und den seelischen Ausgleich tun? Informieren Sie sich z. B. über die Möglichkeiten von Yoga.

Entschlossenheit

Wenn Sie sich in den Abendstunden von 20.33 bis 22.33 Uhr (Mond-Pluto-Sextil) ernsthaft bemühen, ein Problem auch sehr selbstkritisch zu betrachten, können Sie eine gute Lösung finden.

16
Montag

05.13

Elementegruppe: Feuer
Besondere Nahrungsverträglichkeit: Eiweiß
Beeinflusster Pflanzenteil: Frucht
Dominierte Körperregionen: Oberschenkel, Venen

An Schützetagen regiert in aller Regel die **Vernunft**. Darum ärgert man sich beispielsweise auch nicht so schnell über alles Mögliche wie sonst.

Leider sind Reinigungsarbeiten aller Art bei zunehmendem Mond nicht zu empfehlen. Aber das **Lüften** ist heute durchaus begünstigt.

Sie haben heute Lust auf die **Gesellschaft** anderer? Dann gehen Sie doch wieder mal nach allen Regeln der Kunst aus und genießen das so richtig!

Das Leben, es mag sein, wie es will,
ist ein Glück, das von keinem andern übertroffen wird.

Leo N. Tolstoi

17
Dienstag

Alles für den Körper

- Wenn der Mond den Schützen durchwandert, hat er seinen Wendepunkt erreicht und steigt wieder auf. Jetzt ist die Herstellung von Salben günstig.
- Bei der momentanen Mondkonstellation kann durch eine gezielte Massage die Muskulatur der Oberschenkel besonders wirksam gekräftigt werden.

Pflanzen, veredeln, ernten

- Bei zunehmendem Mond in einem Feuerzeichen ist das Pflanzen von Himbeersträuchern und auch die Veredelung von Obstgehölzen günstig.
- Es ist immer noch Erntezeit. Viele Früchte sind jetzt richtig reif: beispielsweise Äpfel, Birnen, Aprikosen, Beerenobst und Sauerkirschen.

Der richtige Zeitpunkt

Denken Sie über ein höheres Gehalt nach? Verhandeln können Sie gleich ab morgen, wenn der Mond im Steinbock steht. Da ist es günstig!

18
Mittwoch

07.59

Elementegruppe: **Erde**
Besondere Nahrungsverträglichkeit: **Salz**
Beeinflusster Pflanzenteil: **Wurzel**
Dominierte Körperregionen: **Knie, Haut, Knochen**

! Gehen Sie heute nicht davon aus, dass Ihnen alles abgenommen wird. Wenn Sie nicht selbst aktiv werden und das Nötige in die Wege leiten, können Sie kaum etwas von dem bekommen, was Sie sich so vorstellen.

Krisenmanagement
Gibt es mit jemandem Streit? Keine Sorge! Steinbocktage fördern die nötige Umsicht und Bereitschaft, um Konflikte schnell beenden zu können.

Tipp Bei diesem Mondstand ist man oft melancholisch, will aber meist nicht darüber reden. Im Falle von schlechter Stimmung sollten Sie sich nicht noch mehr hineinfallen, sondern eher ablenken lassen – und wenn es durch etwas ganz Einfaches wie z. B. Fernsehen ist!

19
Donnerstag

Der passende Tag
- Hat Ihnen letztens jemand ein paar ungewöhnliche Finanztipps zukommen lassen? Denken Sie an diesem Steinbocktag in Ruhe darüber nach.
- Beim jetzigen Mondstand ist sowohl die Maniküre als auch die Pediküre günstig. Nehmen Sie sich heute die Zeit, um Ihre Nägel wieder mal einer intensiven Pflege zu unterziehen.

Im Dienst der Gesundheit
- Steht der Mond in einem Erdzeichen, wird Salz vom Körper gut verwertet. Bei Bluthochdruck sollten Sie aber möglichst wenig Salz zu sich nehmen!
- Es sind nicht mehr viele Tage bis zum Vollmond. Darum beachten Sie bitte, dass auch gering dosierte Medikamente eine hohe Wirkung besitzen!

Tipp Obwohl der Mond es momentan begünstigt, sollten Sie jetzt, wenn langsam der Herbst kommt, Ihre Obstgehölze immer seltener gießen.

20
Freitag

10.50

Elementegruppe: **Luft**
Besondere Nahrungsverträglichkeit: **Fett**
Beeinflusster Pflanzenteil: **Blüte**
Dominierte Körperregionen: **Unterschenkel, Venen**

Körperliche Bedürfnisse

- Bei der jetzigen Mondkonstellation gönnen Sie Ihrem Körper am besten sehr viel Ruhe. Vor allem Ihre Beine sollten Sie nur wenig belasten.
- Mondphase und -stand tragen zur Wirksamkeit von anregenden Bädern, Maßnahmen zur Hauternährung und Übungen für den Muskelaufbau bei.

Seelische Unruhe

- An Wassermanntagen schätzt man Gesellschaft, ist man für die anderen da, neigt man plötzlich aber auch zur Eigenbrötlerei. Gleichen Sie das aus!
- Beschäftigt Sie die fällige Entscheidung in einer Beziehungsangelegenheit? Treffen Sie sie nicht heute, sondern eher an den kommenden Widdertagen!

21
Samstag

! Werden Sie heute nicht Opfer der Einbildung, sich immer im Recht zu befinden. Sie könnten dabei einen Konflikt auslösen, der nicht so schnell in den Griff zu kriegen wäre. Und das ist sicher auch nicht Ihre Absicht!

Erlebniswelt

Langsam bricht der Herbst an. Und wahrscheinlich zieht er schon in Ihrem Garten ein. Genießen Sie nun die satten Farben und reifen Gerüche.

Blumenpracht

Bereits jetzt kann man an den Balkonschmuck für den nächsten Frühling denken und Stiefmütterchen aussäen sowie bei schon etwas kühleren Temperaturen die ersten Frühjahrsblüher setzen.

Tipp Die perfekte Zerstreuung beim heutigen Mondstand: Sich mit ein paar Freunden auf ein Glas treffen und den neuesten Klatsch austauschen!

22
Sonntag

14.03

14.44

Elementegruppe: **Luft**
Besondere Nahrungsverträglichkeit: **Fett**
Beeinflusster Pflanzenteil: **Blüte**
Dominierte Körperregionen: **Unterschenkel, Venen**

Genugtuung
Zwischen 9.20 und 11.20 Uhr bilden Mond und Jupiter eine Konjunktion. Da können Sie sich richtig darüber freuen, was Sie in dieser Woche alles geleistet haben. Das erfüllt Sie mit großer Zufriedenheit!

Sehr gesund und lecker
Für alle, die heute keinen Fasttag einlegen wollen, sind diese Puffer eine optimale Ernährung. Denn: Zucchini steigern die Leistungsfähigkeit der Muskeln, und Buchweizen hilft bei Krampfadern.

Zucchini-Buchweizen-Puffer
Zutaten für 1 Person

1 Bund Schnittlauch
1 kleine Zwiebel
1 kleiner Zucchino (150–200 g)
1 TL Honigsenf
1 Ei
Salz, Pfeffer
50 g Buchweizenmehl
2 TL Butter

Zubereitungszeit: 40 Minuten

1. Den Schnittlauch waschen, trocken schwenken und fein schneiden. Die Zwiebel schälen und würfeln. Den Zucchino putzen und grob raspeln.
2. Alle Zutaten mit dem Senf und dem Ei gründlich vermengen, mit Salz und Pfeffer würzen, 10 Minuten ruhen lassen. Den Schnittlauch unterrühren.
3. In einer großen Pfanne die Butter erhitzen. Jeweils einen Löffel Zucchino-Buchweizen-Masse in das Fett geben und glatt streichen. Die Puffer von beiden Seiten jeweils etwa 5 Minuten braten, bis sie goldbraun sind.

Dazu passt: Endiviensalat und Kräuterquark.

23
Montag

Elementegruppe: ***Wasser***
Besondere Nahrungsverträglichkeit: ***Kohlenhydrate***
Beeinflusster Pflanzenteil: ***Blatt***
Dominierte Körperregionen: ***Füße, Zehen***

Das Problem
Eigene Stimmungsschwankungen und die Ansprüche der anderen können Ihnen heute zu schaffen machen. »Tauchen« Sie also nach Möglichkeit ab, wann immer es geht!

Die Lösung tagsüber Die perfekte Nervennahrung bei diesem Mondstand? Das sind erfahrungsgemäß Feigen, Pfirsiche, Weintrauben, Brokkoli, Fenchel, Mangold, Sellerie sowie Spinat.

Die Lösung abends Tun Sie auch dann was für Ihre Nerven. Sehen Sie sich z. B. einen entspannenden Film an, hören Sie sphärische Musik, machen Sie Yoga, oder meditieren Sie.

24
Dienstag

20.58

Heute haben wir ab 11.13 Uhr eine knapp zehnstündige **Mondpause**.
Im Job sind Sie weder um Ideen noch um Argumente verlegen. Falls Sie sich aber nicht genug konzentrieren, können Sie heute leicht den roten Faden verlieren!
Und gleich, ob Sie abends beim Schwimmen, Kochen oder Lesen abschalten und den Alltag vergessen wollen – der Fischemond unterstützt Sie in jedem Fall dabei.
Tipp Und auch eine ausleitende Fußreflexzonenmassage ist nun Entspannung pur!

Mond und Garten
- Wenn Sie das Wachstum des Rosenkohls fördern wollen, sollten Sie bei dieser Mondkonstellation einmal seine Spitzenknospen ausbrechen.
- Wintersalat, Pak Choi, Chinakohl sowie Kopfsalat können jetzt noch erfolgversprechend ausgepflanzt werden.

25
Mittwoch

Elementegruppe: **Feuer**
Besondere Nahrungsverträglichkeit: **Eiweiß**
Beeinflusster Pflanzenteil: **Frucht**
Dominierte Körperregionen: **Kopf, Gesicht**

Haus und Garten

- Auf Hochglanz poliertes Geschirr und Besteck sind eine Riesenfreude. Bei abnehmendem Mond im Widder ist alles schnell und effektiv gereinigt!
- Wer Gewächshausgurken zieht, sollte bei dieser Mondkonstellation die Seitentriebe fünf Zentimeter nach dem ersten Fruchtansatz kappen.

Innenschau

Sind Ihre Ansprüche an den Partner zu hoch oder unrealistisch? Übersehen Sie vielleicht das Wichtigste – die Zuneigung? Wenn Sie abends solche oder ähnliche Fragen umtreiben, sollten Sie durchaus in Ruhe darüber nachdenken und ein faires Urteil fällen.

26
Donnerstag

! Der Widdermond und seine ungünstigen Winkel zu einigen Planeten heizen die heutige Stimmung ziemlich auf. Überlegen Sie sich daher sehr genau, was Sie den anderen zumuten können. Unbelehrbarer Eigensinn würde jeden sehr verärgern.

Lebenslust

Gehen Sie aus, treffen Sie Freunde, tanzen Sie, flirten Sie. Nehmen Sie das Leben jetzt einmal leichter als sonst, versuchen Sie es einfach zu genießen! Der Widdermond ist nämlich günstig, um jemanden zu erobern. Sie dürfen nur nicht zu frech sein, sonst verschrecken Sie den andern gleich.

Das Dasein ist köstlich,
man muss nur den Mut haben, sein eigenes Leben zu führen.

Peter Rosegger

Elementegruppe: ***Erde***
Besondere Nahrungsverträglichkeit: ***Salz***
Beeinflusster Pflanzenteil: ***Wurzel***
Dominierte Körperregionen: ***Kiefer, Hals, Nacken***

27 Freitag

06.28

Wenn der Mond das Tierkreiszeichen Stier durchwandert, sind alle **Sinne** sehr sensibel. Das kann natürlich auch eine Partnerschaft sehr bereichern!

Der Mondstand trägt zu einer sicheren Hand für große **Anschaffungen** bei. Sie wissen nun genau, wie Sie vorgehen müssen.

28 Samstag

Arbeit in Haus und Garten

- Müssen Sie ein paar Arbeiten am Dachstuhl Ihres Hauses erledigen? Die momentane Mondkonstellation wäre zumindest günstig dafür.
- Für das Ernten und Einlagern ist dieser Erdtag sehr günstig. Den Boden der abgeernteten Beete sollten Sie dann gleich lockern und mulchen.
- Mondphase und -stand begünstigen es jetzt beispielsweise, Gründünger (wie Ölrettich oder Roggen) auf die abgeernteten Beete zu pflanzen.

29 Sonntag

18.43

Wenn der Mond im Stier steht, ist man ganz besonders partnerschafts- bzw. familienorientiert. Nun möchte man seinen Liebsten sehr nah sein! Gleich, ob Sie zwischen 17.00 und 19.00 Uhr (Mond-Merkur-Trigon) mit der Familie einen Ausflug machen, etwas Kulturelles genießen oder anderswie die Stimmung dieses Sonntags erleben – Ihr Herz schlägt höher!

Was liegt dem guten Menschen näher als die Seinen!

Schiller

30
Montag

09.14

Elementegruppe: **Luft**
Besondere Nahrungsverträglichkeit: **Fett**
Beeinflusster Pflanzenteil: **Blüte**
Dominierte Körperregionen: **Schultern, Arme, Hände**

Achtung!
Auch im Geschäftsleben werden oft leere Versprechungen gemacht. Planen Sie diese Möglichkeit nun mit ein, und sorgen Sie gleich für eine Alternative.

Je mehr Schwäche, je mehr Lüge.
Die Kraft geht gerade.
Jean Paul

- Der späte August kann tückisch sein! Haben Sie sich die Bronchien verkühlt? An Zwillingetagen ist das Risiko hoch. Teebaumöl inhalieren hilft.
- Bei diesem Mondstand kann es auch schneller zu einem Rheumaanfall kommen als sonst. Für Linderung sorgt z. B. das Einreiben mit Ingweröl.

31
Dienstag

Berufs- und Privatleben
- Sie denken nicht gleich an Kündigung, auch wenn Ihre berufliche Situation nicht perfekt ist. Sie überlegen erst, wie Sie die jetzige verbessern können.
- Zeigen Sie heute dem Partner, dass Sie für ihn gern mal auf etwas verzichten, das Ihnen eigentlich sehr wichtig ist. Das festigt Ihre Beziehung.

Zierpflanzen und Kräuter
- Nehmen Sie sich bei dieser Mondkonstellation Ihre Terrassen- und Balkonpflanzen vor, und versorgen Sie die mit einem Rückschnitt, die es dringend brauchen.
- Wahrscheinlich sind Ihre nicht winterharten Zwiebelgewächse nun verblüht. Dann sollten Sie die Zeit vor den ersten Nachtfrösten nützen, um sie auszugraben.
- Beim jetzigen Mondstand ist es sehr günstig, Kräuterkissen herzustellen. Eine Füllung mit Baldrian oder Hopfen beugt z. B. Schlafstörungen vor.

Elementegruppe: *Wasser*
Besondere Nahrungsverträglichkeit: *Kohlenhydrate*
Beeinflusster Pflanzenteil: *Blatt*
Dominierte Körperregionen: *Magen, Lunge, Galle, Leber*

! Sie schaffen sich heute unter den Kollegen keine Freunde, wenn Sie ständig gegen alles etwas einzuwenden haben. Sie müssen auch mal ein Auge zudrücken und Ihre Großzügigkeit beweisen! Und vor allem: Gehen Sie jetzt harten Auseinandersetzungen aus dem Weg. Sie wissen, dass Ärger auf den Magen schlagen kann – vor allem an einem Krebstag!

Mond und Liebe
Gibt es zurzeit jemanden, der Sie verehrt? Befragen Sie bei diesem Mondstand einmal Ihr Herz, dann wissen Sie schon eher, ob Sie sich für ihn entscheiden könnten.

Mond und Freizeit
Wie könnte man jetzt am besten Abstand zum Alltagstrott finden? An diesem Krebstag auf jeden Fall durch Meditation!

Mond und Job
Nehmen Sie sich jetzt Arbeit vor, die viel Fingerspitzengefühl erfordert. Falls Sie auch die nötige Geduld aufbringen, wird sie Ihnen sicherlich gelingen.

Mond und Garten
Im Moment nimmt der Mond ab und steigt zugleich ab. Deshalb ist nun eine optimale Zeit, um Gründünger zu säen bzw. in den Boden einzuarbeiten. Und immer noch auspflanzbar: Winterkopfsalat, Chinakohl, Radicchio.

1
Mittwoch
07.27

2
Donnerstag

3
Freitag
17.59

4
Samstag

Elementegruppe: **Feuer**
Besondere Nahrungsverträglichkeit: **Eiweiß**
Beeinflusster Pflanzenteil: **Frucht**
Dominierte Körperregionen, -funktionen: **Herz, Kreislauf, Blutdruck**

Temperament ...
Nichts spricht dagegen, anderen gegenüber wirklich entschieden für seine Überzeugungen einzutreten. Aber auch dabei ist zu berücksichtigen, dass der Ton die Musik macht.
Außerdem: Bleiben Sie bei Ihren Entscheidungen sachlich. Weder Ungeduld noch Euphorie sollten Sie zu Unüberlegtem veranlassen.

... und Leidenschaft
Der Mondstand erleichtert die Kommunikation. Man hat jetzt kaum Berührungsängste, was aber oft auch dazu führt, andere dominieren zu wollen. Und die Erotik? Meist verspürt man einen kaum zu bezwingenden Eroberungsdrang!

5
Sonntag

Entdeckungsreise I
Gehen Sie jetzt einmal bewusst durch die Welt! Der Löwemond regt nämlich die Sinne an. Formen, Farben, Düfte können Sie jetzt ganz neu erleben!

Haus- und Gartenarbeit
- Mondphase und -stand sind jetzt optimal: Falls es nicht regnet, sollten Sie wieder mal das gesamte Bettzeug im Freien gründlich auslüften.
- Wenn Sie etwas streichen wollen, müssen Sie beachten, dass Farben, die bei dieser Mondkonstellation aufgetragen werden, sehr schnell trocknen.
- Gleich nach der Ernte sollten sowohl die Sauerkirsche als auch die starkwüchsige Süßkirsche geschnitten werden. Das bremst das Wachstum.

Entdeckungsreise II
Steht Ihnen im Moment der Sinn nach Kultur? Falls ja, wäre beispielsweise ein Museumsbesuch die ideale Inspirationsquelle an diesem Sonntag.

6 Montag

01.07

Elementegruppe: **Erde**
Besondere Nahrungsverträglichkeit: **Salz**
Beeinflusster Pflanzenteil: **Wurzel**
Dominierte Körperfunktionen: **Stoffwechsel, Verdauung**

Start in die Arbeitswoche

Schreiben Sie heute die wichtigsten Geschäftsbriefe, dafür haben Sie eine sichere Hand. Mit kreativer Arbeit beginnen Sie wieder ab den Waagetagen, dieser Mondstand ist dafür nämlich weniger geeignet!

Für ein schönes Zuhause

Müssen Sie in Haus oder Wohnung renovieren? Besonders für das Streichen oder Lackieren von Flächen sind Mondphase und -stand nun günstig.

Wurzelgemüse

Jetzt herrscht noch eine geeignete Mondkonstellation, um Winterzwiebeln, wie Romy und Presto, zu setzen. Die sind im nächsten Mai dann erntereif.

7 Dienstag

02.53

! Haben Sie Mut zur Selbstkritik! Es ist nämlich eine große Schwäche, die Verantwortung für gewisse Probleme immer nur bei den anderen zu suchen. Nutzen Sie die jetzige Mondphase, um wieder mal ehrlich mit sich selbst ins Gericht zu gehen, dann sehen Sie klarer.

Löse das Problem, nicht die Schuldfrage.

Laotse

Kehrtwende

Falls Sie bei Neumond einen Fasttag einlegen, wird das nicht nur zu einer Körperentgiftung, sondern auch zu Ihrer mentalen Reinigung beitragen. Und abends sollten Sie noch lesen, Ihre Seele baumeln und Ihre Gedanken schweifen lassen. So laden Sie am besten Ihre Batterien wieder auf.

8
Mittwoch

05.22

Elementegruppe: **Luft**
Besondere Nahrungsverträglichkeit: **Fett**
Beeinflusster Pflanzenteil: **Blüte**
Dominierte Körperregionen: **Hüfte, Nieren, Blase**

Schön, gesund und friedlich

- Dieser Lufttag ist ein guter Termin für die Haarpflege. Wenn Sie nach dem Waschen noch eine Spülung anwenden, bekommt es perfekten Glanz.
- Haben Sie eine Blasenentzündung? Brennnesseltee hilft da: ½ l kochendes Wasser auf 2 EL davon geben, 15 Min. ziehen lassen, dann abseihen.
- An Waagetagen hat man ein besonders großes Bedürfnis nach Harmonie. Das kann in den meisten Fällen auch sehr nützen: So bleibt man nämlich diplomatisch, auch wenn man sich sehr ärgert!

Worauf man jetzt achten sollte

Weder Mondphase noch Mondstand begünstigen das Staubwischen. Auch Böden sollte man nicht wischen, sondern höchstens saugen.

9
Donnerstag

! Ein gesundes Augenmaß ist heute wichtig! Wer zu viel erwartet, läuft Gefahr, lediglich einen Bruchteil dessen zu bekommen. Bemühen Sie sich also um eine gewisse Bescheidenheit. Der Waagemond hilft dabei, die nötige Balance zu halten.

Mond und Garten

- Freuen Sie sich schon auf Ihre Frühjahrsblumen? Stecken Sie bei dieser Mondkonstellation schon mal die Zwiebeln von Märzenbecher, Krokus, Narzisse, Schneeglöckchen oder Tulpe.
- Mit dem Ernten sollten Sie besser noch warten, bis der Mond wieder aufsteigt (ab Sonntag). Dann ist das Erntegut auch lagerfähiger.

Die passende Erholung

Lassen Sie sich von niemandem ablenken, wenn Sie am Abend besonders musisch gestimmt sind. Greifen Sie zu einem Buch oder Ihrem Instrument!

10
Freitag

08.06

Elementegruppe: **Wasser**
Besondere Nahrungsverträglichkeit: **Kohlenhydrate**
Beeinflusster Pflanzenteil: **Blatt**
Dominierte Körperregionen: **Sexualorgane, Harnleiter**

Ein guter Start in den Tag
In den Morgenstunden von 6.49 bis 8.49 Uhr bilden Mond und Venus eine Konjunktion. Die Fähigkeit eines Menschen, den Sie wirklich respektieren, sich in Ihre Belange hineinzuversetzen und Ihnen daher einen wertvollen Rat geben zu können, wird Sie jetzt ein gutes Stück voranbringen.

Für den Seelenfrieden
Falls es mit Ihrem Nervenkostüm an diesem Skorpiontag nicht zum Besten steht, sollten Sie selbst auch dazu beitragen, kritische Situationen zu entschärfen. Bemühen Sie sich also von vornherein um Deeskalation! Wenn Ihnen beispielsweise jemand unfreundlich begegnet, reagieren Sie einfach ganz gelassen.

11
Samstag

Auf die Gesundheit achten
Um sich bei Mond im Skorpion vor den typischen Unterleibsbeschwerden zu schützen, sollte man sich warm anziehen und möglichst viel trinken.

Für eine angenehme Freizeit
Sorgen Sie beim heutigen Mondstand für eine schöne und sehr erholsame Atmosphäre in Ihren vier Wänden – durch passendes Licht, Blumen etc. Und was Sie am Abend brauchen, ist sicher kein Freizeitstress, sondern jede Menge Ruhe, vielleicht etwas Meditation …

Von 20.52 bis 22.52 Uhr stehen Mond und Neptun im Trigon zueinander. Das trägt zu mehr **Klarheit** bei: Wenn Sie in diesen beiden Stunden auch nur kurz über ein paar wichtige Fragen sinnieren, die Sie gerade beschäftigen, finden Sie Antworten. Was auf viel Vertrautes ein ganz neues Licht werfen kann!

12
Sonntag

10.36

Elementegruppe: **Feuer**
Besondere Nahrungsverträglichkeit: **Eiweiß**
Beeinflusster Pflanzenteil: **Frucht**
Dominierte Körperregionen: **Oberschenkel, Venen**

Vorausschauend planen!

- Sie wollen sich bald um eine bessere Bezahlung bemühen? Versuchen Sie es an den kommenden Steinbocktagen. Da sind die Bedingungen gut.
- Wenn Sie nun mit dem Partner etwas besprechen wollen, sollten Sie das mit einem Abendessen oder zumindest einem Spaziergang kombinieren.

13
Montag

22.41

Folgendes Obst trägt besonders bei dieser Mondkonstellation zur Stärkung des Bindegewebes bei: Brombeeren, Kirschen, Kiwis, Pfirsiche, Orangen.

Definieren Sie für sich wieder mal genau Ihre beruflichen Ambitionen. Möchten Sie sich im jetzigen Job verbessern oder grundsätzlich umorientieren?

Nichts existiert ohne Ziel.
Charles Baudelaire

14
Dienstag

13.35

Alltag in Haus und Garten

- Es ist nun allmählich auch Zeit, die späten Obstsorten zu ernten. Denn sie dürften mittlerweile ihr volles Aroma entwickelt haben.
- An Fruchttagen (Mond in Widder, Löwe oder Schütze) ist das Einkochen von Obst begünstigt. Und natürlich gelingt auch die Herstellung von Marmelade besonders gut!
- Jetzt sollten Sie auf keinen Fall mehr Erdbeeren pflanzen. Sonst müssen Sie damit rechnen, dass sie im kommenden Jahr nicht voll tragen werden.

15
Mittwoch

Elementegruppe: Erde
Besondere Nahrungsverträglichkeit: Salz
Beeinflusster Pflanzenteil: Wurzel
Dominierte Körperregionen: Knie, Haut, Knochen

Auf die sanfte Art
Sie sind in aller Regel zurückhaltend und kein Draufgänger? Das wird vom Steinbockmond noch unterstützt und macht heute großen Eindruck!

Auf die engagierte Art
Ihr größter Pluspunkt ist Ihre momentane Konzentrationsfähigkeit. Sie haben deshalb alles gut im Griff und kommen mit Ihrer Arbeit schnell voran.

Auf die andere Art
Tipp für alle, die zu wenig Zeit haben, um Sport zu treiben: Wassertreten in der Badewanne kann auch ganz beachtlich den Kreislauf anregen.

16
Donnerstag

17.24

Vorsicht!
Vom Joggen ist nun eher abzuraten. Das könnte sich nämlich unangenehm auf Ihre Knie auswirken, auch wenn Sie damit sonst keine Probleme haben.

Gesegneter Herbst
- Sind bei Ihnen z. B. schon die Herbsthimbeeren und der Holunder reif? Steinbocktage sind gute Erntetermine, da der Mond jetzt aufsteigt.
- Der Mond unterstützt zudem das Hobeln von Weißkohl und Ansetzen zu Sauerkraut sowie das Einlagern oder Einkochen von Wurzelgemüse.
- Der Herbst ist erfahrungsgemäß die optimale Jahreszeit für das Verpflanzen von alten Bäumen. Außerdem ist jetzt der Mond dafür günstig.

Endlich Feierabend
Das heutige Motto: Weniger ist mehr! Bei diesem Mondstand hat man Interesse, sich mit anderen abzugeben, großen Trubel braucht man aber nicht.

17
Freitag

22.24 is for Saturday.

Elementegruppe: Luft
Besondere Nahrungsverträglichkeit: Fett
Beeinflusster Pflanzenteil: Blüte
Dominierte Körperregionen: Unterschenkel, Venen

Haben Sie **kraftloses Haar**? Lassen Sie 1 Handvoll Rosmarinblätter 1 Std. lang in kochendem Wasser ziehen. Den Sud verwenden Sie als Spülung.

Gartenarbeit

- Jetzt herrscht die richtige Mondkonstellation, um neue immergrüne Gehölze zu pflanzen: beispielsweise Kiefer, Buchs, Eibe oder Liguster.
- Aufgrund von Mondphase und -stand ist das Unkrautjäten momentan ziemlich günstig. Auch bei Ihnen gibt es diesbezüglich sicher was zu tun!

Nützen Sie den Abend, um etwas **Kulturelles** zu unternehmen. Ob Theater, Oper oder auch Konzert – an diesem Wassermanntag haben Sie mit Sicherheit genug Muße dafür!

18
Samstag

22.24

Kommunikationsgeschick

Zwischen 7.37 und 9.37 Uhr (Mond-Merkur-Trigon) setzen Sie Ihre Fähigkeit ein, mit Menschen umgehen zu können. So bekommen Sie nicht nur im Nu, was Sie wollen, sondern tragen auch zur guten Laune bei.

Mondpause

Sie beginnt um 11.16 Uhr und zieht sich gute elf Stunden hin.
Bedingt durch Mondphase, -stand und -pause ist nun das große Motto: Ordnung schaffen! Zügig von der Hand geht Ihnen beispielsweise Unterlagen sortieren, Bücher verstauen, Fotos einkleben u. v. m.

Neue Perspektiven

Wegen des jetzigen Mondstands verzichten Sie in einer Werbeangelegenheit auf die ewig gleichen Stilmittel, weil Sie frische Ideen im Kopf haben und auch gleich umsetzen möchten.

19
Sonntag

Eidgenössischer Bettag

Elementegruppe: ***Wasser***
Besondere Nahrungsverträglichkeit: ***Kohlenhydrate***
Beeinflusster Pflanzenteil: ***Blatt***
Dominierte Körperregionen: ***Füße, Zehen***

Fischemond und Körper

- Sie sollten bedenken, dass Fischetage (noch dazu kurz vor Vollmond) für die Pediküre, besonders für das Schneiden der Fußnägel, ungünstig sind.
- Alle Wasserzeichen (Krebs, Skorpion und Fische) beeinflussen das Nervensystem. Darum brauchen Sie an diesen Tagen auch genügend Schlaf!

Die Stimmung in Ihrer **Partnerschaft** ist an diesem Fischetag harmonisch. Viel gemütliche Freizeit mit dem Partner macht Ihr Glück perfekt: ein feines Essen genießen, schöne Musik hören, einen guten Film ansehen …

Das menschliche Leben beginnt jenseits der Verzweiflung.
Jean-Paul Sartre

20
Montag

Präzision

Fischetage sind für Tätigkeiten günstig, die Kreativität und Akribie erfordern. Für alle Fleiß- und Routinearbeiten hat man jetzt bedeutend weniger Sinn. Wenn Sie beispielsweise in der Zeit von 13.41 bis 15.41 Uhr (Mond-Neptun-Konjunktion) die Quelle Ihrer Phantasie richtig sprudeln lassen, können Sie eine Leistung erbringen, die mancher als perfekt erachten wird.

Falls Sie heuer noch Spinat und Feldsalat ernten wollen, haben Sie heute den letzten optimalen Termin, um diese **Blattgemüse** zu säen.

Der Fischemond begünstigt das **Kochen**: Sie haben nun nicht nur sehr originelle Ideen, sondern bei deren Umsetzung auch eine glückliche Hand!

Nützen Sie die besondere **Sensibilität** während dieses Mondstands, um ein wenig darüber nachzudenken, ob Sie den anderen immer gerecht werden.

21 Dienstag

01.56

05.14

Elementegruppe: ***Feuer***
Besondere Nahrungsverträglichkeit: ***Eiweiß***
Beeinflusster Pflanzenteil: ***Frucht***
Dominierte Körperregionen: ***Kopf, Gesicht***

Vorsicht!
Unterschwellige Ressentiments könnten Sie nun dazu veranlassen, etwas zu sagen oder zu tun, das Sie hinterher sehr beschämen würde.

Zu beachten!

- Im Falle einer entsprechenden Allergie sollten Sie heute auf Eiweiß völlig verzichten. Diese Mondphase verstärkt die Wirkung nämlich noch.
- Bei Vollmond verliert man oft das rechte Maß! Entscheiden Sie nicht gerade heute darüber, was Sie für Ihre vier Wände noch anschaffen wollen.

Tipp Nützen Sie diesen Vollmondtag, um die bereits frei gewordenen Beete mit natürlichem Dünger zu versorgen: z. B. mit Kompost oder Algenkalk.

22 Mittwoch

Herbstanfang

! Überlegen Sie es sich gut, ob Sie in einer für alle wichtigen Angelegenheit Ihre persönlichen Belange derart in den Vordergrund stellen sollten. Sie riskieren damit nämlich, zum unbelehrbaren Außenseiter abgestempelt zu werden!

Was heute noch bemerkenswert ist

- Wer an einem Widdertag viel vor dem Computer sitzt, sollte zwischendrin immer mal wieder seine Augen trainieren, um Sehschwierigkeiten zu vermeiden.
- Bei diesem Mondstand liegt es Ihnen mehr, sich mit ganz Unterschiedlichem zu befassen! Für konzentriertes Arbeiten haben Sie jetzt nämlich viel zu wenig Geduld.

23
Donnerstag

14.39

Elementegruppe: ***Feuer***
Besondere Nahrungsverträglichkeit: ***Eiweiß***
Beeinflusster Pflanzenteil: ***Frucht***
Dominierte Körperregionen: ***Kopf, Gesicht***

Wissen, worauf es ankommt

Akzeptieren Sie an diesem Widdertag nicht jede Erklärung, nur damit eine unangenehme Sache möglichst schnell erledigt ist. Kämpfen Sie notfalls um eine ehrliche Antwort, sonst bleibt zu viel störende Ungewissheit!
Aber versuchen Sie auch einmal, Kleinigkeiten mit etwas mehr Humor zu nehmen als gewöhnlich. Sie werden ganz schön staunen, wie viel leichter dann so manches wird.

Schöne Haut ...

Heute sind die Herstellung von Kräutersalben für die Schönheitspflege und das Auflegen einer Maske zur Entspannung der Gesichtshaut günstig.

... und schöne Augen

Besonders an den Widdertagen sind die Augen sehr empfindlich. Aber jetzt können gewisse Pflegemaßnahmen auch ziemlich schnell helfen.

Entzündete oder überanstrengte Augen Gegen dieses häufige Problem helfen mit Kamillentee oder Borwasser getränkte Kompressen, die etwa 10 Minuten aufgelegt werden. Anschließend die Augen gut abtrocknen!

Müde Augen kann man gut mit einer Urintherapie kurieren: Man tränkt dazu Wattepads mit dem eigenen Urin und legt sie 10 Minuten lang auf die Augen. Anschließend die Augen mit lauwarmem Wasser abspülen.

Strahlende Augen erhält bzw. bewahrt man, wenn man vor dem Schlafengehen ein paar Tropfen Rizinusöl um die Augen herum aufträgt.

Alternative Freizeitgestaltung

Wenn Sie am Abend zwar nicht mehr auf den Putz hauen, aber noch etwas Gesundes unternehmen möchten, sollten Sie eine Runde spazieren gehen.

24
Freitag

Elementegruppe: **Erde**
Besondere Nahrungsverträglichkeit: **Salz**
Beeinflusster Pflanzenteil: **Wurzel**
Dominierte Körperregionen: **Kiefer, Hals, Nacken**

Mond und Körper

- Unterstützen Sie die jetzt stark entschlackende und reinigende Wirkung des Mondes durch die richtige Ernährung – beispielsweise viel Gemüse und kaum Fleisch.
- Das Ziehen von eingewachsenen Nägeln sowie das Entfernen von Körperhaaren, Hühneraugen und Warzen sind in dieser Mondphase günstig.

Mond, Haus und Garten

- Sind Sie Halter eines Haustiers? Bei abnehmendem Mond im Stier ist eine Klauen- und Krallenpflege besonders günstig.
- Wurzelgemüse, das man noch in diesem Jahr ernten möchte, kann man jetzt nur noch im Frühbeetkasten oder im Gewächshaus ansäen.

25
Samstag

Tipp Stiertage sind gut für einen Ritt auf dem Steckenpferd. Aber erst die Arbeit, dann das Vergnügen! Müssen Sie den Hobbykeller aufräumen?

Mondpause
Sie beginnt heute um 15.10 Uhr und dauert elfeinhalb Stunden.
Falls Sie in den letzten Tagen eine Bewerbung geschrieben haben, was in dieser Mondphase günstig ist, sollten Sie sie jetzt noch einmal überprüfen. Vielleicht ist ja noch etwas verbesserungswürdig!
Verbringen Sie mit dem Partner ein paar gemütliche Stunden, in denen Sie vor allem plaudern und lachen. Lassen Sie den Alltag draußen!

Man sollte dann und wann lachen können
und ein bisschen Spaß machen
oder sogar viel.
Vincent van Gogh

26
Sonntag
02.38

Elementegruppe: **Luft**
Besondere Nahrungsverträglichkeit: **Fett**
Beeinflusster Pflanzenteil: **Blüte**
Dominierte Körperregionen: **Schultern, Arme, Hände**

Leben, wie es gefällt

Das grundsätzliche Vertrauen in Ihrer Partnerschaft ist jetzt sehr stark. Daher gibt es am heutigen Zwillingetag auch keinerlei Unstimmigkeiten.
Ob Sie Ihre Freizeit gemütlich zu Hause verbringen oder mit ein paar guten Bekannten ausgehen – Sie werden sich richtig entspannen und amüsieren!

27
Montag

Was im Garten zu beachten ist

- Folgende Arbeiten sind nun begünstigt: Gründüngung säen bzw. in den Boden einarbeiten, Zwiebeln von Frühjahrsblühern legen.
- Haben Sie die empfindlichen Kübelpflanzen, wie z. B. Engelstrompeten und Geranien, schon ins schützende Winterlager gebracht? Es wird Zeit!

Tipp Kräuterliebhaber aufgepasst! Der Mond begünstigt gerade das Trocknen und Abfüllen von Blütenkräutern sowie die Kräuterkissenherstellung.

28
Dienstag
15.35

Haushalt und Heimwerken

- Mondphase und -stand sind für die meisten Hausarbeiten günstig: z. B. das Fensterputzen sowie die Reinigung von Porzellan und Metallen.
- Die Zeit, seine Abende draußen verbringen zu können, ist nun mehr oder weniger vorbei. Reinigen Sie am heutigen Zwillingetag doch mal den Balkon oder die Terrasse.
- Die Mondkonstellation unterstützt nun das Verlegen von Holzdecken. Sie können dann nämlich damit rechnen, dass alles gut halten wird.

29
Mittwoch

03.58

***Elementegruppe:* Wasser**
***Besondere Nahrungsverträglichkeit:* Kohlenhydrate**
***Beeinflusster Pflanzenteil:* Blatt**
***Dominierte Körperregionen:* Magen, Lunge, Galle, Leber**

Haus und Garten

- Da der Mond im Wasserzeichen Krebs steht, sind jetzt beispielsweise alle Wasserinstallationsarbeiten sehr günstig.
- Bringen Sie nun die anfälligeren Kräuter, beispielsweise Lorbeer und Rosmarin, in ein helles und zugleich kühles Winterlager.

Mit der Wurzel ausreißen
Sie möchten ein Problem im Keim ersticken, ehe es sich richtig auswachsen kann? Reden Sie am heutigen Krebstag mit dem Partner über eine Lösung!

Tipp Suchen Sie vor dem Zubettgehen etwas Entspannung durch Yoga. Das wird besonders bei diesem Mondstand sehr effektiv sein.

30
Donnerstag

Während dieser Mondphase ist man in aller Regel geistig und körperlich ziemlich fit. Legen Sie dennoch immer wieder mal eine **Pause** ein – egal, was Sie auch tun.

Hüten Sie sich beim heutigen Mondstand davor, **Entscheidungen** aus dem Bauch heraus zu treffen. Das könnte vor allem bei finanziellen Angelegenheiten ins Auge gehen!

Es gibt durchaus Tätigkeiten, die nicht mal bei abnehmendem Mond günstig sind, falls er gerade in einem Wasserzeichen steht: so beispielsweise das **Wischen der Böden**.

Ein lebhaftes Treffen mit Verwandten bzw. Freunden oder heimische Muße, um zur eigenen Mitte zurückzufinden? Sie sollten an diesem Krebstag sehr genau **abwägen**!

1
Freitag

02.55

Elementegruppe: **Feuer**
Besondere Nahrungsverträglichkeit: **Eiweiß**
Beeinflusster Pflanzenteil: **Frucht**
Dominierte Körperregionen, -funktionen: **Herz, Kreislauf, Blutdruck**

Mond und Gesundheit

- Bei Verspannungen im Rücken sollten Sie sich jetzt unbedingt massieren lassen. Mondphase und -stand werden deutlich zur Linderung beitragen!
- An einem Löwetag bei abnehmendem Mond in die Sauna zu gehen ist total erholsam und trägt wesentlich zur Stabilisierung der Immunkräfte bei.

Fest im Sattel

Privat An diesem Löwetag haben Sie alles so im Griff, dass es Ihnen auch leichtfällt, etwas zu tun, das Sie einschränkt, aber anderen viel bringt.
Beruflich Sie verfügen über genug Energie, um Ihre Einfälle auch siegesgewiss umzusetzen. Eventuelle Hürden sehen Sie lediglich als Herausforderung, der Sie sich gerne stellen!

2
Samstag

! Heute sollten Sie es unterlassen, sich in eine Vorstellung derart zu verrennen, dass daraus eine fixe Idee wird. Sie würden damit nur allgemeines Unverständnis ernten. Und die Wochenendstimmung würde auch in Mitleidenschaft gezogen werden.

Haushalt

Die jetzige Mondkonstellation erleichtert Ihnen viele Reinigungsarbeiten: z. B. Schuhe putzen, Porzellan reinigen oder Metalle säubern.

Mitten im Leben

- Der Vorteil: Ihr Selbstvertrauen. Der Nachteil: Ihre Ungeduld. Deshalb sollten Sie sich heute genau überlegen, was Sie wem sagen!
- Bei diesem Mondstand ist man äußerst empfänglich für Genüsse aller Art. Ob Feinschmeckermenü oder Konzertbesuch – Ihre Sinne sind hellwach!

3
Sonntag

10.39

Tag der Deutschen Einheit **Erntedankfest**

Elementegruppe: ***Erde***
Besondere Nahrungsverträglichkeit: ***Salz***
Beeinflusster Pflanzenteil: ***Wurzel***
Dominierte Körperfunktionen: ***Stoffwechsel, Verdauung***

An Jungfrautagen ist der **Verdauungstrakt** besonders sensibel. Essen Sie nun z. B. Brokkoli, Fenchel, Karotten oder Kürbis. Die schonen den Darm.

Sie sollten sich am heutigen Feiertag viel **Ruhe** gönnen – und zudem einen ausgedehnten Spaziergang. Das macht den Kopf frei und das Herz leicht.

4
Montag

Welttierschutztag

Geldangelegenheiten? An Erdtagen ist die Erledigung bzw. Entscheidungsfindung günstig. Nehmen Sie sich für Letztere nun mal genug Zeit!

Das **Umtopfen bzw. Umsetzen** von Pflanzen kann bei dieser Mondkonstellation problemlos vorgenommen werden. Auch das **Gießen** ist begünstigt.

Jetzt ist zwar nicht der optimale Mondstand gegeben, um **Freunde** zu treffen. Aber heute würde Ihnen das besser tun, als allein Trübsal zu blasen.

5
Dienstag

14.42

Müssen Sie wichtige **Unterlagen durchsehen**, sind aber überhaupt nicht dazu motiviert? Disziplinieren Sie sich – an einem Jungfrautag klappt das!

Knoblauch und Winterzwiebeln, die man nun noch bei abnehmendem Mond in einem Erdzeichen steckt, werden gut gedeihen.

Sie haben sich verabredet, aber keine Lust hinzugehen? Nehmen Sie das **Treffen** trotzdem wahr, falls Sie es nicht auf die Waagetage legen können.

6
Mittwoch
13.07

Elementegruppe: **Luft**
Besondere Nahrungsverträglichkeit: **Fett**
Beeinflusster Pflanzenteil: **Blüte**
Dominierte Körperregionen: **Hüfte, Nieren, Blase**

Tipp Falls Sie sich in dieser Mondphase schon morgens eher körperlich schwach fühlen, sollten Sie am besten gleich ein anregendes Bad mit Johanniskrautzusatz nehmen.

Leistung
Von 14.05 bis 16.05 Uhr befinden sich Mond und Mars in einer Konjunktion. Da packen Sie das an, was keinesfalls noch bis nächste Woche liegen bleiben sollte. Und aufgrund der Impulse, die der Waage-Neumond verleiht, können Sie alles sehr schnell erledigt haben.

Tipp Besitzen Sie ein Haustier, das kastriert werden muss? Oder suchen Sie den perfekten Umzugstermin? Planen Sie z. B. diesen Tag dafür ein!

7
Donnerstag
16.23

Gesundheit und Berufliches
- Falls Sie Stoffwechselprobleme haben, achten Sie besonders bei zunehmendem Mond in einem Luftzeichen darauf, dass Sie nicht zu fett essen!
- Heute sind besonders Vertragsabschlüsse, die Pflege von Geschäftskontakten, Budgetplanungen und geschäftliche Besprechungen günstig.

Eigentlich gute Voraussetzungen
An Waagetagen hat man großen Bedarf an Harmonie. Das kann besonders heute nützen: So bleibt man diplomatisch, auch wenn man sich sehr ärgert! **Aber!** Wenn Sie heute keiner danach fragt, sollten Sie Ihre Meinung auch niemandem aufdrängen. Beherrschen Sie auch unbedingt die Neigung, alle belehren zu wollen. So können Sie ganz leicht den einen oder anderen Konflikt vermeiden!

8 Freitag

Elementegruppe: **Wasser**
Besondere Nahrungsverträglichkeit: **Kohlenhydrate**
Beeinflusster Pflanzenteil: **Blatt**
Dominierte Körperregionen: **Sexualorgane, Harnleiter**

Mond und Gesundheit

- Bei Blasenschwäche, die während der jetzigen Mondkonstellation besonders stark sein kann, hilft ein Sitzbad mit Heublumenextrakt. Es fördert die Durchblutung der Blasenmuskulatur und wirkt beruhigend.
- Die Wirkung von minderwertigen Kohlenhydraten ist aufgrund der Mondphase stärker als sonst. Das sollte man bei Übergewicht oder einer Allergie unbedingt bedenken.

Mond und Job

Denken Sie bei einer geschäftlichen Entscheidung daran, dass Profit nicht alles bedeutet. Hören Sie auf Ihr Gewissen und bleiben Sie Menschenfreund! Dann werden Sie später einmal auch nichts zu bereuen haben.

9 Samstag

17.25

Genaues Abwägen

- Sie fühlen sich vom Partner kritisiert? Reagieren Sie nicht nur ablehnend darauf. Er kennt Sie ja. Vielleicht hat er nicht nur Unrecht!
- Heute sollten Sie mit Ihren Kollegen wirklich nur dann heiß diskutieren, falls es unumgänglich ist. Ansonsten gehen Sie einfach Ihrer Arbeit nach!

Gartenteich und Kräuter

- Jetzt wird es auch mal wieder Zeit, sich um den Gartenteich zu kümmern: Sicher ist dort einiges zu reinigen, vielleicht auch zu reparieren.
- Bei dieser Mondkonstellation kann man z.B. Kräuter wie Bohnenkraut, Dill oder Kresse auf dem Fensterbrett anbauen. Sie werden gut gedeihen.

Tipp Machen Sie den Preisvergleich! Bei diesem Mondstand haben Sie nämlich einige Gelegenheiten, beim Einkauf von Garderobe tolle Schnäppchen zu ergattern.

10
Sonntag

Elementegruppe: **Feuer**
Besondere Nahrungsverträglichkeit: **Eiweiß**
Beeinflusster Pflanzenteil: **Frucht**
Dominierte Körperregionen: **Oberschenkel, Venen**

Aufatmen
Krönen Sie diesen Tag mit einem Ausflug in die Herbstlandschaft. Genießen Sie dort die bunte Natur und würzige Luft. Das befreit die Seele!

Bunt sind schon die Wälder, gelb die Stoppelfelder,
und der Herbst beginnt.
Johann Gaudenz von Salis-Sewis

Von 18.50 bis 20.50 Uhr bilden Mond und Merkur ein Sextil. Falls Sie sich da mit Partner, Familie oder Freunden einfach mal erlauben, das zu machen, worauf Sie wirklich Lust haben, verschafft Ihnen das viele unvergessliche **Glücksmomente**!

11
Montag

19.16

Mondpause
Sie beginnt um 6.31 Uhr und dauert knappe 13 Stunden.
Gefördert werden in dieser Situation vor allem die üblichen Routinetätigkeiten sowie alle Arten von Überarbeitungen und Korrekturen, weil Fehler nun besser erkannt werden können.

Über Berufliches nachdenken
Gibt es in Ihrem Team Streit um Zuständigkeiten? Überlegen Sie: Wer ist im Recht, wer nur eitel? Bei diesem Mondstand finden Sie eine gute Lösung!

Zeit für Gartenarbeit
- Jetzt ist der richtige Termin für die Ernte von Gemüse. Und was nicht im Kochtopf landet, kann bei diesem Mondstand gut eingelagert werden.
- Die Veredelung von Obstbäumen und Ziergehölzen ist begünstigt. Zudem können Obstbäume und Beerensträucher auch noch gepflanzt werden.

12
Dienstag

Elementegruppe: ***Erde***
Besondere Nahrungsverträglichkeit: ***Salz***
Beeinflusster Pflanzenteil: ***Wurzel***
Dominierte Körperregionen: ***Knie, Haut, Knochen***

Für eine junge Haut
Die jetzige Mondkonstellation optimiert alle Maßnahmen für die aufbauende Hautpflege. Gesichtsmasken wirken nun besonders erfrischend.

Rheumaschub?
Im Falle eines Falles, was bei dieser Mondkonstellation keine Seltenheit wäre, hilft dieses Bad: 3 Handvoll Fichtennadeln in 2 l Wasser 15 Min. kochen. Dann den Sud durch ein Sieb geben und dem Badewasser zusetzen.

Gute Karten
Momentan sind vor allem der Umgang mit Geld, alle Reise- und Projektplanungen sowie der Ausbau von geschäftlichen Beziehungen günstig.

13
Mittwoch

05.26

22.48

Auf den Versuch ankommen lassen!
An Steinbocktagen ist man häufig sehr sachlich und distanziert. Geben Sie sich heute mal ein wenig lockerer. Die Reaktionen werden Ihnen gefallen!

Und weiter im Garten
- Der Mond steht günstig: So ist es empfehlenswert, Lauch, Pastinaken und Schwarzwurzeln zu ernten. Meerrettich kann noch länger im Beet bleiben.
- Wollen Sie nun noch robustere Obstbäume, wie Apfel, Birne oder Pflaume, pflanzen? Der zunehmende Mond in einem Erdzeichen begünstigt das!
- Vielleicht ernten Sie ja noch: Bei dieser Mondkonstellation ist jedenfalls das Einlagern und Einkochen von Wurzelgemüse günstig.

Tipp Staubwischen sollte man jetzt nur mit einem trockenen Lappen. Dann läuft man nämlich nicht Gefahr, den Schmutz zu verschmieren.

14
Donnerstag

Elementegruppe: **Luft**
Besondere Nahrungsverträglichkeit: **Fett**
Beeinflusster Pflanzenteil: **Blüte**
Dominierte Körperregionen: **Unterschenkel, Venen**

Gute Pflege

Die momentane Mondphase ist keine gute Zeit für eine Tiefenreinigung der Haut! Aber Pflegemaßnahmen zur Hauternährung sind jetzt wirksam.

Schöne Freizeit

Wassermanntage sind ideal, um wegzugehen und etwas zu erleben. Worauf haben Sie heute mehr Lust: Kommunikation oder Kulturelles?
Von 19.10 bis 21.10 Uhr fördert auch noch ein Mond-Merkur-Trigon die gute Stimmung. Jetzt fühlen Sie sich so fabelhaft, dass Sie Bäume ausreißen könnten. Und in angenehmer Gesellschaft ist dieses Gefühl natürlich doppelt so stark!

15
Freitag

Für schöne Beine

An Wassermanntagen – besonders bei zunehmendem Mond – ist es vorteilhaft, Zinnkrauttee zu trinken. Das hemmt die Bildung roter Beinäderchen.

Mondpause

Diese beginnt um 14.34 Uhr und dauert knappe 14 Stunden.
Falls Sie jetzt so manches vorzubereiten haben, kommen Sie gut voran – auch weil zusätzlich die Energie des Wassermannzeichens zu großer Konzentration beiträgt.

Obst und Blumen

- Lüften Sie regelmäßig (vor allem an allen Lufttagen) Ihr Obstlager. Jetzt ist außerdem das Auspflanzen von zweijährigen Blumen günstig.
- Bei dieser Mondkonstellation können auch Veilchen, Scheinmohn und weitere Kaltkeimer ausgesät werden: in Schalen, die man ins Freie stellt.

16
Samstag

04.23

Elementegruppe: ***Wasser***
Besondere Nahrungsverträglichkeit: ***Kohlenhydrate***
Beeinflusster Pflanzenteil: ***Blatt***
Dominierte Körperregionen: ***Füße, Zehen***

Körper und Seele

- Haben Sie in letzter Zeit nicht genug Mineralstoffe und Vitamine zu sich genommen? In dieser Mondphase ist ein Ausgleich schneller erreicht!
- Vielleicht träumen Sie an diesen Fischetagen ja intensiv. Achten Sie mal bewusst darauf. Das kann viel über Ihre seelische Verfassung aussagen!

17
Sonntag

Kirchweihfest

Haus und Garten

- Der Mond nimmt zu, und bald ist auch noch Vollmond. Lassen Sie daher jetzt vor allem jene Hausarbeiten liegen, die Sie körperlich sehr beanspruchen würden.
- Sorgen Sie nun für Laub- und Totholzhaufen, damit Nützlinge, wie z. B. Igel, einen Schlupfwinkel finden, um zu überwintern.
- Gerade in der kalten Jahreszeit darf man nicht auf gesunde »Kleinigkeiten« verzichten: Topfen Sie Petersilie für den Verbrauch über den Winter ein.

18
Montag

12.05

Den Füßen danken

Eine regenerierende Fußreflexzonenmassage kann erfahrungsgemäß wahre Wunder wirken. Machen Sie für diesen Fischetag doch mal einen Termin beim Fachmann.

Nichts verschenken!

Beim jetzigen Mondstand haben Sie zwar gute Ideen, aber manches könnte auch schnell wieder vergessen sein. Darum jeden Einfall gleich notieren!

19
Dienstag

Elementegruppe: **Feuer**
Besondere Nahrungsverträglichkeit: **Eiweiß**
Beeinflusster Pflanzenteil: **Frucht**
Dominierte Körperregionen: **Kopf, Gesicht**

Schlechte Laune?
Falls Sie heute sehr gereizt und weder auf sich selbst noch auf andere gut zu sprechen sind, kann das an diesem Widdertag in Vollmondnähe liegen.

Widdertage – ideal fürs Einlagern und Einkochen

- Eine Grundregel für das Einlagern von Obst und Gemüse besagt, dass man Äpfel und Kartoffeln in verschiedenen Räumen unterbringen sollte.
- Vielleicht haben Sie momentan die Muße, Marmelade einzukochen. Das würde bei dieser Mondkonstellation jedenfalls sehr gut gelingen.

Tipp Sich abends einfach auszuruhen wäre nicht das Schlechteste, zumal der nahende Vollmond nun immer deutlicher zu spüren sein dürfte.

20
Mittwoch

16.58

22.00

! Falls Sie heute kaum etwas zufriedenstellen kann, sollten Sie erst mal hinterfragen, was der genaue Grund dafür ist, bevor Sie sich bei und über jedermann beklagen. Denn mit ein wenig Mühe schaffen Sie ganz allein einen Stimmungsumschwung!

Tu nur das Rechte in deinen Sachen,
das andre wird sich von selber machen.

Goethe

Versuchen Sie nicht gerade jetzt mit dem Partner eine gemeinsame Entscheidung zu treffen. An anderen Tagen ist die **Flexibilität** sicher größer!

Der Vollmondtag trägt vermehrt zu **Schlafstörungen** bei. Trinken Sie daher vor der Nachtruhe Baldriantee. Das kann wirksam vorbeugen.

21
Donnerstag

Elementegruppe: **Erde**
Besondere Nahrungsverträglichkeit: **Salz**
Beeinflusster Pflanzenteil: **Wurzel**
Dominierte Körperregionen: **Kiefer, Hals, Nacken**

Im Garten gibt es immer noch zu tun

- Für eine Ernte im kommenden Jahr Möhren, Radieschen und Rettich unter Glas auszusäen wird nun von der Mondkonstellation unterstützt.
- Außerdem wäre es jetzt besonders günstig, die leer stehenden Beete mit Algenkalk, Gründüngung oder Kompost zu versorgen.

Unterschiedlichste Abendgestaltung

Gehen Sie bummeln, und erfüllen Sie sich so manchen Wunsch. Danach frönen Sie irgendeiner Leidenschaft, beispielsweise dem Schachspiel. Oder: Wenn Sie sich abends vor allem entspannen möchten, sehen Sie etwas fern. Und wenn Sie sich vor allem erbauen wollen, lesen Sie ein Buch.

22
Freitag

Mond und Gesundheit

- Wenn jetzt der abnehmende Mond im Stier steht, haben eine entspannende Nackenmassage und ein heilendes Bad große Wirkung.
- Die Herbstzeit ist stets auch eine Phase der vermehrten Erkältungen! Vergessen Sie nicht, dass Sie sich bei diesem Mondstand vor Zugluft und Unterkühlung ganz besonders schützen sollten.

Mond und Liebe

Denken Ihr Partner und Sie ans Heiraten? Machen Sie jetzt Pläne, wann der Termin sein könnte. Grundsätzlich sind Stiertage sehr gut dafür geeignet!

Die besten Stunden heute

Von 22.36 bis 00.36 Uhr sorgt ein Trigon zwischen Mond und Pluto für mehr Klarheit: Jetzt gelingt es Ihnen, selbstkritisch vieles zu überdenken und sich ganz neue Ziele zu stecken.

Elementegruppe: ***Luft***
Besondere Nahrungsverträglichkeit: ***Fett***
Beeinflusster Pflanzenteil: ***Blüte***
Dominierte Körperregionen: ***Schultern, Arme, Hände***

23
Samstag

09.58

Auf seinen Körper achten

- Möchten Sie ein paar Pfunde loswerden? Die Phase des abnehmenden Mondes ist optimal, um sich einer Schlankheitskur zu unterziehen.
- Momentan unterlassen Sie es besser, ein Nagelbett zu korrigieren. Warten Sie damit unbedingt noch ab, bis der Mond wieder zunimmt.

24
Sonntag

Eine andere Art von Freizeitbeschäftigung

In zweieinhalb Wochen ist Martinstag. Haben Sie den Kindern versprochen, mit ihnen Lampions zu basteln? Dann ans Werk – Zwillingetage bei abnehmendem Mond sind gute Termine dafür!

Es gibt nichts Schöneres,
als einem Kind Vergnügen zu machen.

Franziska Gräfin zu Reventlow

25
Montag

23.01

Wählen Sie diesen Tag, um wieder mal **Sport** zu treiben. Bei abnehmendem Mond ist die körperliche Belastbarkeit und damit auch der Spaß größer.

Bei dieser Mondkonstellation sind folgende **Gartenarbeiten** günstig: junge Obstbäume zurückschneiden, Gartenzäune reparieren, Laufplatten legen.

Ist bei Ihnen schon die neue Theatersaison eröffnet? Wenn sich der Mond in den Zwillingen befindet, hat man für **Kultur** in aller Regel viel Sinn.

26 Dienstag

Nationalfeiertag Österreichs

Elementegruppe: **Wasser**
Besondere Nahrungsverträglichkeit: **Kohlenhydrate**
Beeinflusster Pflanzenteil: **Blatt**
Dominierte Körperregionen: **Magen, Lunge, Galle, Leber**

! Heute könnte es sein, dass Sie von sehr extremen Gefühlen geplagt werden: einerseits von akuten Selbstzweifeln, andererseits von einem gewissen Eigensinn für etwas ziemlich Unwichtiges. Versuchen Sie das in den Griff zu bekommen und wieder Ihre Mitte zu finden!

Selbstdisziplin! Jeder hat Sorgen. Die Kunst ist, sich davon nicht beherrschen zu lassen. Arbeiten Sie jetzt an sich, falls das diesbezüglich nötig ist.

Jeder Mensch hat die Chance,
mindestens einen Teil der Welt zu verbessern,
nämlich sich selbst.

Paul Anton de Lagarde

27 Mittwoch

Mond und Körper

- Da der Mond momentan abnimmt, ist prinzipiell gegen eine Operation nichts einzuwenden. Ein Eingriff an Lunge oder Magen sollte jetzt wegen des Mondstands aber nicht stattfinden!
- Heute leben Sie gesund, vermeiden möglichst Ärger und überanstrengen sich nicht. Das braucht der an Krebstagen sehr sensible Magen!

Nötige Gartenarbeit

- Kümmern Sie sich jetzt um Ihren Gartenteich, und entfernen Sie sehr gründlich das ganze tote Material, das sich dort angesammelt hat.
- Die Mondkonstellation passt: Bei Bedarf topfen Sie nun Chicorée zum Bleichen ein. Auch das Ausgraben und Eintopfen von Schnittlauch ist günstig.

Tipp Mondphase und -stand sind günstig, um Kleidung, die vor der Einlagerung noch gepflegt werden sollte, in die chemische Reinigung zu bringen.

Elementegruppe: ***Feuer***
Besondere Nahrungsverträglichkeit: ***Eiweiß***
Beeinflusster Pflanzenteil: ***Frucht***
Dominierte Körperregionen, -funktionen: ***Herz, Kreislauf, Blutdruck***

28
Donnerstag
22.06
11.08

Haus und Garten

- Wenn der abnehmende Mond in einem Feuerzeichen steht, ist z. B. das Fensterputzen, aber auch das Auslüften des Bettzeugs sehr günstig.
- Ist das Wetter zurzeit schön mild? Dann können Sie jetzt durchaus Ihre Obstbäume und Beerensträucher zurückschneiden.

29
Freitag

Löwemond und Körper

- Nicht nur, aber vor allem an Löwetagen ist Melissentee zu empfehlen: Er wirkt gegen chronische Müdigkeit und kann ebenso Herzschwäche lindern.
- Falls Sie tagsüber viel sitzen, sollten Sie heute immer mal wieder aufstehen und sich bewegen. Das bringt den Kreislauf wieder in Schwung.
- Eine entspannende Rückenmassage kann Sie beim jetzigen Mondstand in den siebten Himmel versetzen. Lassen Sie heute doch mal den Partner sein Geschick beweisen!

30
Samstag
20.11

Heute beginnt um 7.06 Uhr eine **Mondpause**, die gute 13 Stunden dauern wird. Da haben Sie viel Zeit zu überlegen.

- Hat man Ihnen gerade vorgeworfen, zu bestimmend bzw. viel zu herrisch zu sein? Gehen Sie mal in sich: Könnte da nicht was dran sein?
- Müssen Sie nächste Woche eine Verhandlung führen? Denken Sie in Ruhe nach: Könnte Ihre Strategie beispielsweise sein, entschieden, aber auch kompromissbereit aufzutreten?

31
Sonntag

Reformationstag **Halloween** **Sommerzeitende**

Elementegruppe: ***Erde***
Besondere Nahrungsverträglichkeit: ***Salz***
Beeinflusster Pflanzenteil: ***Wurzel***
Dominierte Körperfunktionen: ***Stoffwechsel, Verdauung***

Sie haben sich über den Partner geärgert, möchten aber eine Auseinandersetzung bei diesem Mondstand unbedingt vermeiden? Dann sprechen Sie das Thema besser erst gar nicht an!

Liebe ist der Entschluss,
das Ganze eines Menschen zu bejahen,
die Einzelheiten mögen sein, wie sie wollen.
Otto Flake

Entspannung
Wie wär's heute mit einem ausgedehnten Ausflug in die herbstliche Natur oder auch in die nächste größere Stadt für einen Schaufensterbummel?

1
Montag

Allerheiligen

Jungfraumond und Gesundheit
- Salze werden jetzt sehr gut aufgenommen. Aber Vorsicht bei hohem Blutdruck! Wenn Sie davon betroffen sind, sollten Sie nichts übersalzen.
- Im Fall von Verdauungsstörungen ist es beim jetzigen Mondstand besser, wenn Sie kürzertreten und wirklich weniger oder gar nichts essen.

Für ein gutes Gedeihen
Zimmerpflanzen brauchen während des Winters zwar nicht so viel Wasser wie im übrigen Jahr. Zwischendurch etwas zu gießen (vor allem auch an den dafür günstigen Erdtagen) ist aber unerlässlich.

Was bei dieser Mondkonstellation im Garten zu tun ist
Gründüngung säen; Artischocken und Rosen anhäufeln; das Wintergemüse im Freiland abdecken; ein Hügelbeet anlegen; die Baumscheiben lockern und zum letzten Mal für dieses Jahr ausreichend mit Kompost versorgen.

2 Dienstag

00.12

Allerseelen

***Elementegruppe:* Luft**
***Besondere Nahrungsverträglichkeit:* Fett**
***Beeinflusster Pflanzenteil:* Blüte**
***Dominierte Körperregionen:* Hüfte, Nieren, Blase**

Waagemond und Gesundheit
An Waagetagen, besonders in dieser Jahreszeit, zieht man sich leicht eine Blasenentzündung zu. Also warm kleiden und viel Kräutertee oder Mineralwasser trinken, um Blase und Nieren intensiv durchzuspülen!

Berufliche Präsenz Sie sind heute in Hochform, voller guter Einfälle und vor allem auffassungsschnell. Das bewahrt Sie allerdings nicht unbedingt vor Flüchtigkeitsfehlern. Also konzentriert bleiben und nicht im Jetzt handeln, aber dabei vor allem ans Morgen denken!

Tipp Halten Sie sich Haustiere? Die Mondkonstellation begünstigt es jetzt, das Katzenklo, den Käfig oder das Aquarium zu säubern.

3 Mittwoch

Besonders an Waage- und Skorpiontagen ist **Birkenblättertee** das Wundermittel gegen Gichtanfälle. Er verstärkt nämlich die Harnsäureausscheidung.

Sein Bestes geben
- Heute erweisen Sie sich als ziemlich ehrgeizig und tatkräftig – ob bei leidiger Routine oder auch Arbeiten, die eine wirkliche Herausforderung darstellen.
- Beim Verführen sind Sie heute sehr einfallsreich. Und so gelingt es Ihnen, den Partner mit allen Raffinessen zu verwöhnen.

Fordert man sich nicht unablässig selber heraus,
verdorrt man.

Lido Anthony »Lee« Iacocca

Der heutige Abend ist perfekt für einen **Konzert- oder Opernbesuch**. Der Mondstand unterstützt zudem alle kreativen **Hobbys**.

4 Donnerstag

22.16

01.54

Elementegruppe: ***Wasser***
Besondere Nahrungsverträglichkeit: ***Kohlenhydrate***
Beeinflusster Pflanzenteil: ***Blatt***
Dominierte Körperregionen: ***Sexualorgane, Harnleiter***

Sensibilität

- Sind Sie für Frauenleiden anfällig? Beim jetzigen Mondstand empfindet man sie leider oft noch stärker als sonst. Essen Sie nun verstärkt Avocados, Feigen, Weintrauben und Brokkoli – das lindert sie.
- Falls Sie einen Umzug hinter sich bringen müssen: Diese Mondphase ist optimal dafür, weil man jetzt an alles entspannter herangeht.

Innenschau

- Hat man Ihnen jüngst den Vorwurf gemacht, die anderen nicht immer mit dem nötigen Taktgefühl zu behandeln? Seien Sie jetzt selbstkritisch!
- An Skorpiontagen hat man viel Sinn für Esoterik. Möchten Sie nicht mal wieder das Pendel kreisen lassen oder die Karten legen?

5 Freitag

Chancen und Probleme im Job

- Müssen Sie ein Projekt planen? Der Skorpionmond liefert Ihnen mit Sicherheit die nötigen Impulse, um schnell in das Thema vorzudringen!
- Geht Ihnen in Ihrer Firma so manches, was leider nicht zu ändern ist, auf die Nerven? Das fühlt sich bei diesem Mondstand natürlich noch viel intensiver an! Ziehen Sie nach diesen Skorpiontagen einen Schlussstrich, und blicken Sie nach vorn!

Trennen Sie heute deshalb strikt Berufs- und Privatleben. Schalten Sie abends ab, und tragen Sie nicht beruflichen Ärger in Ihre Beziehung hinein!

Es ist menschlich, verärgert zu sein,
aber es ist nicht recht, in diesem Ärger zu beharren.

Vincent van Gogh

6
Samstag

01.54

Elementegruppe: ***Feuer***
Besondere Nahrungsverträglichkeit: ***Eiweiß***
Beeinflusster Pflanzenteil: ***Frucht***
Dominierte Körperregionen: ***Oberschenkel, Venen***

Klarheit
Von 13.47 bis 15.47 Uhr stehen Mond und Saturn in einem Sextil zueinander. Da wissen Sie ganz genau, wo und wie Sie Ordnung schaffen müssen, um sich endlich wieder rundum wohlzufühlen.

Tipp Die Rinde Ihrer Obstbäume braucht einen Weißanstrich gegen Frostschäden. Bringen Sie ihn an. Schon passiert? Dann kontrollieren Sie ihn!

Auf und davon
Hin und wieder kann ein Tapetenwechsel nicht schaden. Machen Sie an diesem Schützetag einen Abendausflug in eine benachbarte Stadt, um dort Neues zu entdecken.

7
Sonntag

Heute beginnt um 14.45 Uhr eine gut elfstündige **Mondpause**.
Aufwendige Freizeitaktivitäten? Freizeitstress? Muss nicht sein. Bleiben Sie doch einfach zu Hause! Da können Sie sich jetzt wahrscheinlich am allerbesten erholen.

Empfehlenswerte Hausarbeiten
Früchte einkochen bzw. einfrieren; Weißkohl hobeln, der zu Sauerkraut angesetzt wird; Zimmer und Schränke lüften.

Tipp Essen Sie bei der jetzigen Mondkonstellation Brombeeren, Kiwis oder Orangen. Das trägt zur Kräftigung des Bindegewebes bei.

Harmonie
Bei diesem Mondstand ist man kommunikativ, will sich aber eigentlich nicht in den Vordergrund drängen. Das bedingt meist ein friedliches Miteinander.

8
Montag

02.05

Elementegruppe: **Erde**
Besondere Nahrungsverträglichkeit: **Salz**
Beeinflusster Pflanzenteil: **Wurzel**
Dominierte Körperregionen: **Knie, Haut, Knochen**

Günstig sind bei diesem Mondstand Behördengänge, die Regelung von Geldanlagen, Projektplanungen sowie Vertragsabschlüsse.

Sollte der Boden noch nicht gefroren sein, können Sie jetzt immer noch die widerstandsfähigeren Obstbaum- und Beerenstraucharten pflanzen.

Machen Sie es sich am Abend dieses Steinbocktags gemütlich, und widmen Sie sich endlich einmal dem Buch, das Sie schon so lange lesen wollen.

Wenn Du einen Garten und eine Bibliothek hast,
wird es Dir an nichts fehlen.

Cicero

9
Dienstag

Für ein strahlendes Gesicht
Gegen trockene Gesichtshaut hilft eine Maske, die Sie sich aus etwas Karottensaft, zwei Tropfen Öl und einem halben Eigelb mischen.

Haus, Garten und Auto
- Leider sind Fußböden an Erdtagen nicht leichter zu reinigen, wie viele denken. Da ist der Schmutz hartnäckiger – vor allem bei zunehmendem Mond.
- Falls noch nicht geschehen, sollten Sie jetzt winterharte Salatsorten, wie z.B. Radicchio und Breitblättrige Rauke, mit Folie oder Reisig abdecken.
- Sind an Ihrem Auto schon die Winterreifen montiert? Hat es bereits einen Unterbodenschutz bekommen? Nehmen Sie das jetzt mal in Angriff.

Für schöne Hände und Füße
Nehmen Sie sich bei dieser Mondkonstellation wieder mal die Zeit für eine ausführlichere Maniküre. Auch eine Pediküre ist jetzt begünstigt.

10
Mittwoch

04.04

Elementegruppe: ***Luft***
Besondere Nahrungsverträglichkeit: ***Fett***
Beeinflusster Pflanzenteil: ***Blüte***
Dominierte Körperregionen: ***Unterschenkel, Venen***

Perfektes Zeitmanagement
Der Mondstand hilft Ihnen dabei, sich die Zeit jetzt so einzuteilen, dass Sie sowohl Ihren eigenen als auch den Ansprüchen der anderen voll gerecht werden können.

Noch immer möglich
Die Mondkonstellation begünstigt das Pflanzen robuster Arten der sommergrünen Ziergehölze. Natürlich darf der Boden noch nicht gefroren sein.

Für den süßen Zahn
Warum nicht mitten in der Woche einen feinen Kuchen backen? Die Mondkonstellation ist günstig: Er wird mit Sicherheit sehr locker und lecker!

11
Donnerstag

13.47

Martinstag

Tipp Falls Sie sich gleich morgens erschöpft fühlen, nehmen Sie am besten ein Bad mit 1 Beutel Pfefferminztee als Zusatz. Das macht Sie munter!

Berufliches und Freizeit
Der momentane Mondstand ist für sehr viele Tätigkeiten gut geeignet: z. B. Werbeangelegenheiten, Verhandlungen, Geschäftsgespräche und Projektplanungen.
An Wassermanntagen sind kreative Hobbys, die Beschäftigung mit Kultur, aber auch das Feiern eines stimmungsvollen Festes begünstigt.

Distanz oder Nähe?
Eine der wichtigsten Fragen an Wassermanntagen! Heute werden Sie sich wahrscheinlich für Letzteres entscheiden.
Denn um 20.53 Uhr setzt eine zwölfstündige **Mondpause** ein. Und deshalb ist auch davon auszugehen, dass Ihnen vor allem abends die Pflege von Kontakten wichtiger ist als Rückzug und Eigenbrötlerei.

12
Freitag

08.55

Elementegruppe: ***Wasser***
Besondere Nahrungsverträglichkeit: ***Kohlenhydrate***
Beeinflusster Pflanzenteil: ***Blatt***
Dominierte Körperregionen: ***Füße, Zehen***

Gießen in Garten und Winterlager

- Beachten Sie den Winter über: Immergrüne Pflanzen, alles Neugepflanzte und Gehölze werden nur nach längeren Trockenperioden gegossen.
- Für die Gartenpflanzen im Winterlager des Hauses gilt: Gießen, wenn sie es brauchen (möglichst an Wassertagen) – aber weniger als sonst.

13
Samstag

Sich um sich selbst kümmern

- Genussmittel sollten Sie bei zunehmendem Mond in den Fischen mit sehr großer Vorsicht genießen. Da wirken sie nämlich besonders stark!
- Wenn Sie von der Arbeit nach Hause kommen und ziemlich durchgefroren sind, sollten Sie als Erstes gleich ein heißes Fußbad nehmen.
- Nützen Sie den Abend, um sich auszuruhen – Mondphase und -stand sind ideal dafür. Und gehen Sie auch nicht zu spät ins Bett. Mit genügend Schlaf sind Ihre Batterien morgen wieder aufgeladen!

14
Sonntag

16.49

Volkstrauertag

Lebensart

Bei diesem Mondstand sind Sie und der Partner sich wahrscheinlich so nah, dass nur der Blickkontakt genügt, um zu wissen, was der andere fühlt. Sorgen Sie am Abend durch Kerzenschein und stimmungsvolle Musik für die richtige Atmosphäre, um mit dem Partner ein wenig zu träumen.
Der Mond steht in den Fischen, da kocht man gern und gut. Wählen Sie ein Rezept, das Sie schon lange fasziniert, und verwöhnen Sie den Gaumen!

15 Montag

Elementegruppe: **Feuer**
Besondere Nahrungsverträglichkeit: **Eiweiß**
Beeinflusster Pflanzenteil: **Frucht**
Dominierte Körperregionen: **Kopf, Gesicht**

Tipp Falls Sie Kopfschmerzen haben und dagegen etwas nehmen wollen, sollten Sie bedenken, dass die Medikamente im Moment sehr stark wirken.

Mond und Eros

Egal, wie dieser Tag verläuft, was Sie heute denken oder fühlen – die Lust zu flirten, zu erobern, Leidenschaft zu leben wird immer im Mittelpunkt sein! Bei diesem Mondstand müssen Sie aber auch auf einiges gefasst sein: Nähe, Missverständnis, Zank, Versöhnung … Die ganze Gefühlspalette eben!

Das ist im Leben hässlich eingerichtet,
dass bei den Rosen gleich die Dornen stehen.

Victor von Scheffel

16 Dienstag

! Heute müssen Sie ganz genau abwägen, was zu tun ist. Ohne die genaueren Umstände zu kennen, sollten Sie jetzt auf keinen Fall etwas unternehmen, nur weil es Ihnen wärmstens ans Herz gelegt wird. Also: Zuerst informieren, danach überlegen und schließlich handeln!

Von Haarewaschen bis Lüften

- Bei dieser Mondkonstellation ist das Haarewaschen günstig. Außerdem zu empfehlen sind alle Gesichtsmasken zur Hauternährung und -straffung.
- Falls Sie es am heutigen Widdertag schaffen, den anderen entgegenzukommen, anstatt die Hörner zu zeigen, haben Sie schon gewonnen!
- Das Lüften von Räumen und Schränken ist begünstigt: Da der Mond aber gerade zunimmt und Herbst herrscht, sollte man das nicht zu lange tun!

Tipp Suchen Sie nun, da das Laub gefallen ist, Ihre Obstbäume etwas genauer auf Schädlingslarven ab – und entfernen Sie, was Sie finden.

17 Mittwoch

03.19

Buß- und Bettag

Elementegruppe: **Erde**
Besondere Nahrungsverträglichkeit: **Salz**
Beeinflusster Pflanzenteil: **Wurzel**
Dominierte Körperregionen: **Kiefer, Hals, Nacken**

! Gegen Ideale und Träume ist nichts zu sagen. Wer sich aber nur verbissen an Illusionen klammert, muss zwischendurch auch mal zur Ruhe kommen und alles neu überdenken. Das sollte besonders heute jedem klar sein und entsprechend motivieren!

Vorsorgen
Nehmen Sie in dieser Jahreszeit – vor allem an Stiertagen – mehr Vitamin C und Zink ein als sonst. So können Sie das Erkältungsrisiko herabsetzen!

Wenn das Kratzen kommt
Hals und Stimmbänder sind an Stiertagen besonders empfindlich. Die nasskalte Novemberwitterung ist ein Grund, noch mehr aufzupassen!

18 Donnerstag

! Achten Sie darauf, dass sich Ihr Selbstbewusstsein heute nicht vor allem in pedantischem Verhalten äußert. Sonst laufen Sie Gefahr, einiges an Sympathien einzubüßen – oder dass man Sie womöglich nicht mehr richtig ernst nimmt!

Gute Geschäfte
Beim jetzigen Mondstand gibt es gute Angebote bei Verkauf und Versteigerung. Wenn Sie wissen, was Sie wollen, sollten Sie nun nicht mehr zögern.

Gute Konserven
Stier- und Steinbocktage sind erfahrungsgemäß die allerbesten Termine, um Wurzelgemüse einzukochen. Es wird dann besonders lange halten.

Tipp Falls sich eine Ihrer Hecken an einer stark befahrenen Straße befindet, sollten Sie sie unbedingt mit Matten gegen Streusalz schützen.

19
Freitag

09.59

15.34

Elementegruppe: ***Erde***
Besondere Nahrungsverträglichkeit: ***Salz***
Beeinflusster Pflanzenteil: ***Wurzel***
Dominierte Körperregionen: ***Kiefer, Hals, Nacken***

! Schießen Sie nicht gleich mit Kanonen auf Spatzen, nur weil Ihnen jetzt etwas nicht passt. Mit Sturheit kommt man heute nicht weiter. Nehmen Sie das Ärgernis einfach leichter, als es in Wirklichkeit ist!

VOLLMOND

Zu keiner anderen Zeit sind die Mondimpulse so deutlich zu spüren wie in dieser Phase. Es ist die Zeit starker Gefühle – positiver wie negativer.

Intensiveres Seelenleben ...

Diese Zeit hilft vielen Menschen dabei, leichter den Weg zum eigenen Ich, zum Unterbewussten zu finden und dadurch bereits länger schwelende seelische Konflikte zu erkennen.
Andere wiederum berichten von besonders eindrucksvollen Träumen und Visionen. Auch das Schlafwandeln, das besonders bei Kindern häufiger zu beobachten ist, ereignet sich fast ausschließlich bei Vollmond.
Wieder andere empfinden die Energie der Vollmondzeit als geradezu anregend und aktivierend, vor allem in sexueller Hinsicht.

... und Explosion der Gefühle

Der menschliche Organismus reagiert auf den Richtungswechsel von Aufnahme zu Abgabe nicht selten mit Unruhe und Nervosität. Sensible Menschen haben jetzt oft Schlafstörungen.
Bei Vollmond passiert es auch häufiger, dass Emotionen die Vernunft überlagern. Man neigt zu extremen Äußerungen oder Handlungen, über die man sich dann später wundert oder die man sogar bereut. Wer sich also leicht zu unbedachtem Verhalten hinreißen lässt, sollte besonders jetzt versuchen, seine Gefühle unter Kontrolle zu halten.
Untersuchungen in den USA haben wieder einmal bestätigt, dass bei Vollmond neben der Neigung zu Aggressionen auch der Alkoholkonsum und die Bereitschaft, den Partner zu betrügen, ansteigen. Zudem werden nach wie vor überdurchschnittlich viele Unfälle, Gewaltverbrechen und Selbstmorde registriert.

20 Samstag

Elementegruppe: **Luft**
Besondere Nahrungsverträglichkeit: **Fett**
Beeinflusster Pflanzenteil: **Blüte**
Dominierte Körperregionen: **Schultern, Arme, Hände**

Für ein perfektes Erscheinungsbild
Die Haut ist bei abnehmendem Mond belastbarer und weniger schmerzempfindlich. Also eine günstige Zeit für Tiefenreinigung und Haarentfernung!

Empfehlenswert
Die momentane Mondkonstellation unterstützt das Verlegen von Holzdecken. Sie können dann nämlich damit rechnen, dass alles gut halten wird.

Eine der Herausforderungen dieses Zwillingetags
Wenn Sie ausgeglichen sind, werden Sie die Gesellschaft anderer genießen! Wenn Sie den Kopf voll haben, sollten Sie jetzt unbedingt für sich bleiben! Sie allein entscheiden.

21 Sonntag

Totensonntag

Gutes für den Körper
Im Falle einer Erschöpfung, aber auch zur Vorbeugung von rheumatischen Beschwerden hat sich ein Vollbad (Dauer 20 Min., Temperatur von 36 °C langsam auf 42 °C ansteigend) mit Fichtennadeln gut bewährt:
3 Handvoll Fichtennadeln in 2 l Wasser 15 Min. kochen. Den Sud durch ein Sieb geben und dem Badewasser zusetzen.

Tipp Aufgrund der Mondkonstellation ist es nun vor allem günstig, das Obstlager, aber auch die Räume mit all dem anderen Erntegut zu lüften.

Um 16.53 Uhr beginnt eine knapp zwölfstündige **Mondpause**.
Jetzt sind auch aufgrund des Mondstands Familienbesuche und Treffen mit Freunden günstig. Wenn Sie aber Ihre Ruhe brauchen, sollten Sie am besten gar nichts unternehmen!

22
Montag

04.34

Elementegruppe: ***Wasser***
Besondere Nahrungsverträglichkeit: ***Kohlenhydrate***
Beeinflusster Pflanzenteil: ***Blatt***
Dominierte Körperregionen: ***Magen, Lunge, Galle, Leber***

Allein und zu zweit

- Krebstage sind wie die anderen Wassertage günstig, um die eigene Mitte zu suchen. Ob Sie nachdenken, meditieren oder nur träumen möchten.
- In Ihrer Partnerschaft sind beim jetzigen Mondstand Gefühle und Zärtlichkeit zentral. Das motiviert Sie auch in den anderen Lebensbereichen!

23
Dienstag

Immer mit der Ruhe!

An Wassertagen muss man immer etwas mehr als sonst auf seine Nerven achten. Nehmen Sie sich also nicht gleich alles so zu Herzen!

Besser nicht!

Geldgeschäfte sollten Sie jetzt weder entscheiden noch in die Wege leiten. Bei dieser Mondkonstellation ist das Risiko einfach zu groß, so manches falsch zu kalkulieren.

24
Mittwoch

17.00

Die jetzige Mondkonstellation unterstützt das Talent für schwierige Arbeit, die man erfahrungsgemäß nur mit absoluter **Präzision** bewältigen kann.

Obst und Gemüse, die nun sehr zu einem gesunden Magen-Darm-Trakt beitragen: Avocados, Bananen, Mangos, Blumenkohl, Feldsalat, Fenchel.

Wenn der Mond im Krebs steht, wird Ihnen alles, was Sie selbst **kochen**, gut gelingen – vom deftigen Eintopf bis zum mehrgängigen Menü.

25 Donnerstag

Elementegruppe: **Feuer**
Besondere Nahrungsverträglichkeit: **Eiweiß**
Beeinflusster Pflanzenteil: **Frucht**
Dominierte Körperregionen, -funktionen: **Herz, Kreislauf, Blutdruck**

Mond und Gesundheit

- Ist Ihr Blutdruck zu hoch? Weißdorn- oder grüner Tee können da gut Abhilfe schaffen – vor allem wenn der abnehmende Mond im Löwen steht.
- Wenn Sie zurzeit nicht erkältet sind und auch keine Kreislaufschwierigkeiten haben, sollten Sie heute einen entspannenden Saunabesuch machen.

Tipp Bei niemandem klappt immer alles so, wie er es gerne hätte. Lassen Sie sich von den kleinen Blockaden des Tages nicht aufhalten, weiterhin Ihr Ziel zu verfolgen. Der Löwemond unterstützt Sie!

Bequeme Rast ist nicht des Lebens wert.
Joseph von Eichendorff

26 Freitag

Zu neuen Ufern!

Geben Sie an diesem Löwetag mal ganz spontan Ihren Impulsen nach. Sie werden ziemlich erstaunt sein darüber, was dann plötzlich alles möglich ist. Nur weil noch ganz andere Fähigkeiten in Ihnen schlummern, als Sie bisher angenommen haben!

Arbeit in Haus und Garten

- Am kommenden Sonntag ist 1. Advent. Da kann man sich ja schon mal daranmachen, die ersten Weihnachtsplätzchen zu backen. Momentan ist nämlich auch die Mondkonstellation sehr günstig.
- Müssen Sie vielleicht etwas am Gartenzaun oder -weg ausbessern? Nützen Sie jetzt die dafür günstige Zeit – bis einschließlich abnehmenden Mond im Skorpion.
- Die jetzige Mondkonstellation begünstigt den Winterschnitt an den Obstbäumen. Bei mildem Wetter also gleich beginnen bzw. fortfahren!

27 Samstag

13.29

03.13

***Elementegruppe:* Erde**
***Besondere Nahrungsverträglichkeit:* Salz**
***Beeinflusster Pflanzenteil:* Wurzel**
***Dominierte Körperfunktionen:* Stoffwechsel, Verdauung**

! Hatten Sie in letzter Zeit eine nicht besonders produktive Phase? Falls ja, könnte sie jetzt vorbei sein. Nehmen Sie sich heute die Zeit, um richtig intensiv nachzudenken. Dann werden Sie auf Ideen stoßen, mit denen wirklich etwas anzufangen ist!

Immer die Ruhe bewahren!
Bei Konflikten jeder Art sollten Sie erst mal tief durchatmen und ganz ruhig werden. Nur dann werden Sie eine passable Lösung finden!

Tipp Bald steht das Christkind vor der Tür – und in einer guten Woche bereits Nikolaus. Wie sieht es mit Geschenken aus? Bei diesem Mondstand würden Sie jedenfalls mit sicherer Hand einkaufen!

28 Sonntag

1. Advent

! Sie machen sich Gedanken über die kommende, ereignisreiche Woche? Versuchen Sie die Einstellung zu entwickeln, dass schon alles gut wird. Wenn Sie nur an eventuelle Probleme denken, nehmen Sie sich von vornherein zu viel Kraft.

Tipp Falls Sie über ein beheiztes Treibhaus verfügen, können Sie dort jetzt Saatzwiebeln und Sommerlauch ansäen. Die Mondkonstellation ist günstig.

Krisenbewältigung
Sollten Sie sich heute aus irgendeinem Grund mit dem Partner in die Haare kriegen, müssen Sie sich gleich wieder versöhnen. Dann ist alles gut!

Bei jedem Streit
ziehe die Versöhnung selbst dem leichtesten Siege vor.
Georg Christoph Lichtenberg

29
Montag

09.56

Elementegruppe: **Luft**
Besondere Nahrungsverträglichkeit: **Fett**
Beeinflusster Pflanzenteil: **Blüte**
Dominierte Körperregionen: **Hüfte, Nieren, Blase**

An diesem Waagetag ist Ihre Solidarität gefragt. Hören Sie gut zu, und helfen Sie auch gleich. Das ist dann Ihr Beitrag zu einer guten Adventszeit.

Die Welt fängt im Menschen an.

Franz Werfel

30
Dienstag

- An diesen Waage- und Skorpiontagen sollten Sie sehr viel Brennnesseltee trinken, um der Gefahr einer Blasenentzündung vorzubeugen.
- Falls das Klima momentan mild genug ist, könnten Sie bei dieser Mondkonstellation z. B. mit der Auslichtung Ihrer Ziergehölze beginnen.
- Wenn Sie Ihr Fahrrad den Winter über wegsperren wollen, ist nun ein sehr günstiger Mondtermin, um es gründlich zu putzen und einzulagern.
- Der heutige Abend ist wie geschaffen für einen Konzert- oder Opernbesuch. Der Mondstand unterstützt zudem alle kreativen Hobbys.

1
Mittwoch

12.57

Die stade Zeit
In gut drei Wochen ist Heiligabend. Wenn Sie Ihre Räume bisher nicht weihnachtlich geschmückt haben, wird es nun Zeit, das anzugehen!
Kommunikationsfähigkeit und Kreativität sind bei dieser Mondkonstellation Ihre Trümpfe. Setzen Sie diese Fähigkeiten heute einmal rein privat ein. Haben Sie beispielsweise Kinder? Reservieren Sie sich doch ein bisschen Zeit, um mit ihnen etwas Weihnachtliches zu basteln. Ein Waagetag ist nämlich optimal dafür.

2
Donnerstag

Elementegruppe: ***Wasser***
Besondere Nahrungsverträglichkeit: ***Kohlenhydrate***
Beeinflusster Pflanzenteil: ***Blatt***
Dominierte Körperregionen: ***Sexualorgane, Harnleiter***

Vorsicht!
Überschätzen Sie bei diesem Mondstand weder Ihre körperliche noch Ihre nervliche Belastbarkeit. Legen Sie zwischendurch immer wieder Pausen ein.

Diplomatie und Autorität
In Ihrer Beziehung möchten Sie an diesem Skorpiontag keine dicke Luft riskieren. Deshalb verhalten Sie sich dem Partner gegenüber sehr behutsam und überlegen sich jedes Wort genau.

Sanfte Landung
Gleich, wie dieser Tag für Sie aussieht – zumindest etwas Zeit sollten Sie ganz allein für sich haben, um abzuschalten und vielleicht zu meditieren.

3
Freitag

13.14

Garten
- Günstig sind jetzt neben dem Gießen bei Trockenheit folgende Arbeiten: kranke Gehölze zurückschneiden sowie einen Gartenzaun setzen oder auch reparieren.
- Haben Sie im Garten eigentlich schon die Wasserleitungen auslaufen lassen, Gießwasserbecken und Schläuche entleert sowie das Wasser abgestellt? Die Mondkonstellation ist dafür nun sehr geeignet.

Berufliches
- Sitzen Sie seit Tagen an unterschiedlichen Konzeptionen für ein Projekt und suchen nach einem Kompromiss? Der Skorpionmond unterstützt Sie!
- Sind Ihre Kunden bzw. Geschäftsfreunde schon mit Weihnachtsgrüßen versorgt? Erledigen Sie diese Post z. B. heute. Der Mond begünstigt es.

An Skorpiontagen macht das **Einkaufen** meist Spaß. Brauchen Sie vielleicht noch Weihnachtsdekoration, Geschenke oder Glückwunschkarten?

4
Samstag

08.44

Barbaratag

Elementegruppe: ***Feuer***
Besondere Nahrungsverträglichkeit: ***Eiweiß***
Beeinflusster Pflanzenteil: ***Frucht***
Dominierte Körperregionen: ***Oberschenkel, Venen***

Im jetzigen Monat gibt es zahlreiche Anlässe zu feiern. Da kann es nicht schaden, wenn Sie diese Mondphase nutzen und einen **Fasttag** einlegen.

Verschiedene Herausforderungen

- Gibt es einen Kontrahenten, mit dem Sie schon lange streiten? Wollen Sie nicht Frieden schließen? Die Chancen stehen bei Schützemond sehr gut!
- Wenn Sie meinen, dass zwischen Ihnen und dem Partner etwas ungeklärt ist, sollten Sie sich bei diesem Mondstand aussprechen. Das bringt viel.

Lassen Sie an diesem winterlichen **Neumondtag** Ihren Garten einfach mal ruhen. Außer: Sie haben kranke Gehölze, die unbedingt zurückgeschnitten werden müssten.

5
Sonntag

12.32

2. Advent

! Gibt es eine berufliche Entscheidung, die Sie schon viel zu lange vor sich herschieben? Nehmen Sie sich heute die nötige Zeit dafür, nochmals alles genau abzuwägen. Tappen Sie aber keinesfalls wieder in die typische Wenn-und-aber-Falle!

Mondstand und -phase sind optimal, um etwas **Muskelaufbaugymnastik** zu treiben. Dann mit einer kräftigenden Fußreflexzonenmassage schließen!

Besinnung
Nehmen Sie vor der heutigen Nachtruhe noch ein Vollbad. Das ist gut für die Nerven, und wunderbar nachdenken kann man auch dabei.

6 Montag

Nikolaustag

Elementegruppe: ***Erde***
Besondere Nahrungsverträglichkeit: ***Salz***
Beeinflusster Pflanzenteil: ***Wurzel***
Dominierte Körperregionen: ***Knie, Haut, Knochen***

In den **Morgenstunden** von 6.57 bis 8.57 Uhr (Mond-Uranus-Trigon) sind Sie voller Vitalität und Selbstvertrauen. Sie fühlen sich ausgeglichen und kümmern sich nicht nur um die eigenen Belange, sondern auch um die derjenigen, die Sie jetzt um Rat und Tat bitten.

Für die **Hautpflege** sind Steinbocktage am günstigsten. Essen Sie jetzt z. B. vermehrt Mangos und Karotten. Das unterstützt die Ernährung der Haut.

In den **Abendstunden:** Lust auf einen Bummel durch die weihnachtlich geschmückte Innenstadt? Das trägt zur Erholung bei und verwöhnt zudem Ihre Sinne. Und bei dieser Gelegenheit können Sie auch gleich den Partner zum Nikolaustag ins Restaurant einladen!

7 Dienstag

12.50

Hände und Füße
Nehmen Sie sich bei dieser Mondkonstellation wieder mal die Zeit für eine ausführlichere Maniküre. Auch eine Pediküre ist jetzt begünstigt.

Was sonst noch wichtig ist

- Leiden Sie gerade an einer Erkältung? Bei zunehmendem Mond an Erdtagen (Stier, Jungfrau, Steinbock) wirkt ein heilendes Bad erfahrungsgemäß besonders lindernd!
- Heute ist ein günstiger Mondtermin, um den Komposthaufen festzustampfen. Und kontrollieren Sie auch seinen Schutz vor der Winternässe.
- Hat sich bei Ihrer letzten Ernte so einiges an Wurzelgemüse angesammelt, das Sie in nächster Zeit sicher nicht verwerten können? Es einzukochen ist nun besonders empfehlenswert.
- Noch ist Zeit: Besorgen Sie nun alle fehlenden Weihnachtsgeschenke. Bei dieser Mondkonstellation haben Sie den richtigen Blick für Preise.

8
Mittwoch

Mariä Empfängnis

Elementegruppe: **Luft**
Besondere Nahrungsverträglichkeit: **Fett**
Beeinflusster Pflanzenteil: **Blüte**
Dominierte Körperregionen: **Unterschenkel, Venen**

Für das körperliche Wohlgefühl

- Sie fühlen sich nach dem Aufstehen nicht sehr fit? Dieses Bad hilft: 15 bis 20 Tropfen Eukalyptusöl, in 1 EL Milch verrührt, ins Badewasser geben.
- Bei diesem Mondstand können oft Beschwerden im Wadenbereich auftreten. Da helfen wechselwarme Fußbäder oder kalte Unterschenkelgüsse.

Pläne und Prioritäten

- Fällen Sie jetzt mit dem Partner erste Entscheidungen, wenn Sie im nächsten Jahr so manches verändern wollen. Der Mondtermin ist gut.
- An Wassermanntagen hat man großes Interesse an Kunst. Und wenn Sie nicht das Haus verlassen wollen, schalten Sie doch einfach einen Kulturkanal ein!

9
Donnerstag

15.54

! Verderben Sie sich nicht den ganzen Tag, indem Sie, wovon auch immer getrieben, vieles in Angriff nehmen und wenig später wieder liegen lassen. Überlegen Sie zunächst ganz genau, was wichtig ist, und konzentrieren Sie sich dann darauf.

Tipp Sauerkraut ist gesund und schmeckt natürlich viel besser, wenn man es selber herstellt. Jetzt ist es günstig, Weißkohl zu hobeln und anzusetzen.

Gemeinschaftssinn

Der Wassermannmond unterstützt viele Freizeitaktivitäten – vom Kino- bis zum Konzertbesuch. Ihnen ist nur wichtig, alles in Gesellschaft zu genießen!

Nur andere Menschen können unser Leben erfüllen.
Hat es nur uns selbst zum Inhalt, so bleibt es leer.

Helmut Gollwitzer

10
Freitag

Elementegruppe: ***Wasser***
Besondere Nahrungsverträglichkeit: ***Kohlenhydrate***
Beeinflusster Pflanzenteil: ***Blatt***
Dominierte Körperregionen: ***Füße, Zehen***

Haus und Garten

- Wassertage bei zunehmendem Mond sind für das Lüften ungünstig, weil dabei Feuchtigkeit angezogen wird. Lüften Sie daher nur kurz.
- Vergessen Sie nicht: Das Wintergemüse im Freiland muss im Falle einer fehlenden Schneedecke und bei Frostgefahr unbedingt mit Zweigen abgedeckt werden.

Bringt Ihr Partner Sie immer wieder zum **Lachen und Träumen?** Danken Sie ihm jetzt einmal mit Ihrer ganzen Zärtlichkeit und Nähe!

Der verlorenste aller Tage ist der, an dem man nicht gelacht hat.

Chamfort

11
Samstag

02.37

22.47

Gewusst wie

Die momentane Mondkonstellation unterstützt die Kreativität. Daher fällt es Ihnen leicht, alles relativ zügig in Ihrem Sinne fertigzustellen. Und interessante Einfälle, die Sie im Moment nicht brauchen, notieren Sie einfach!

Vorsicht walten lassen

Der Mond steht in einem Wasserzeichen. Vielleicht schneit es deshalb entsprechend viel! In diesem Fall sollten Sie die Äste auch unbedingt von den Schneelasten befreien.

Die Abendgestaltung

Bei diesem Mondstand umgibt man sich eigentlich nur gern mit Menschen, die man mag oder interessant findet. Laden Sie doch zum Abendessen ein! Und schließen Sie den Fischetag mit einer regenerierenden Fußreflexzonenmassage ab. Danach werden Sie wunderbar schlafen können.

12
Sonntag

3. Advent

Elementegruppe: ***Feuer***
Besondere Nahrungsverträglichkeit: ***Eiweiß***
Beeinflusster Pflanzenteil: ***Frucht***
Dominierte Körperregionen: ***Kopf, Gesicht***

Tipp Appetit auf ein deftiges, aber sehr gesundes Sonntagsessen: z. B. Tomaten-Paprika-Gemüse mit Vollkornnudeln? Diese Gemüse kräftigen die Mundschleimhaut, beugen Infekten sowie Migräne vor, beleben das Gehirn und verbessern die Sehkraft.

Die Freizeit gestalten

- Gönnen Sie sich heute eine richtige Auszeit, sprich: Computer aus- und Aktentasche zulassen. Wenn Sie sich jetzt perfekt erholen, können Sie in der neuen Woche umso effektiver arbeiten.
- An Widdertagen schlagen Cineastenherzen höher. Jetzt hat man besonders große Lust auf stilvolles Kino. Genießen Sie doch abends wieder mal einen schönen Schwarzweißklassiker!

13
Montag

Resultate

Der Widdermond hilft Ihnen dabei, sich eine kluge Strategie für eine wichtige Verhandlung einfallen zu lassen. Ein roter Faden ist der halbe Erfolg!

Mit Aufrichtigkeit kann man
bei diplomatischen Verhandlungen
die verblüffendsten Wirkungen erzielen.

André François-Poncet

Obst und Blumen

- Nützen Sie die jetzige Mondkonstellation, um bei Bedarf neue Beerensträucher und Obstbäume zu pflanzen. Natürlich sollte das nur bei frostfreiem Wetter geschehen.
- Lüften Sie wieder mal Ihr Obstlager, und prüfen Sie auch die Temperatur im Winterlager für Ihre Blumenzwiebeln: Die sollte etwa 3 bis 7 °C sein.

Elementegruppe: Erde
Besondere Nahrungsverträglichkeit: Salz
Beeinflusster Pflanzenteil: Wurzel
Dominierte Körperregionen: Kiefer, Hals, Nacken

14 Dienstag – 09.12

Mond und Gesundheit

- Diese Mondphase verstärkt die Wirkung eines heilenden Bades sowie Maßnahmen zur Hauternährung und Korrektur eingewachsener Nägel.
- Für alle mit Schmerzen im Nacken- und Schulterbereich: Eine kräftigende Massage kann bei dieser Mondkonstellation Wunder wirken.

15 Mittwoch

Blick fürs Geld

- Falls Sie für Ihre Firma größere Anschaffungen organisieren müssen, ist dieser Mondstand optimal. Sie haben jetzt gute, kostengünstige Einfälle.
- Sie wollen dieses Jahr noch persönlich etwas auf der Bank erledigen? Nützen Sie diese Stiertage dafür – der Mond ist jetzt sehr günstig.
- Und privat: Warum nicht mal wieder intensiv shoppen gehen? Nun fehlt es Ihnen mit Sicherheit nicht am nötigen Gespür für das richtige Preis-Leistungs-Verhältnis. Zudem brauchen Sie sicher noch einige Geschenke …

16 Donnerstag – 21.44

Jeder, der unter zu hohem **Blutdruck** leidet, sollte an diesem Stiertag ganz besonders darauf achten, so salzarm wie möglich zu essen.

Wenn der Mond den Stier durchwandert, sind erfahrungsgemäß ganz besonders die Ernte und Einlagerung von **Wurzelgemüse** günstig.

Nun sind die Voraussetzungen für ein friedliches **Beziehungsleben** optimal. Eine Partnerschaft ist bei diesem Mondstand nämlich vor allem harmonisch.

17
Freitag

***Elementegruppe:* Luft**
***Besondere Nahrungsverträglichkeit:* Fett**
***Beeinflusster Pflanzenteil:* Blüte**
***Dominierte Körperregionen:* Schultern, Arme, Hände**

Tipp Gerade im Winter braucht man ein paar Farbtupfen, die sich vom tristen Grau absetzen. Verschönen Sie Ihre Zimmer mit Blumenschmuck, der wunderbar duftet, wenn er bei dieser Mondkonstellation geschnitten wurde!

Vorausdenken!

- Treiben Sie an diesen Zwillingetagen etwas Gymnastik. Denn meist kommt in der Festzeit die Bewegung im Gegensatz zum Essen eher zu kurz!
- Bei diesem Mondstand ist zwar die Kontaktpflege geeignet – unternehmen Sie aber nichts, das Kraft raubt. Sie haben die kommende Woche viel vor!

Tipp Wollen Sie sich dem Mondstand entsprechend optimal ernähren? Essen Sie als Beilage Brokkoli oder Kartoffeln! Das kräftigt die Muskeln.

18
Samstag

! Fehlt Ihnen an diesem Zwillingetag etwas die innere Balance? Nützen Sie Ihre Freizeit auch, um durch Sport oder einen ausgedehnten Spaziergang überschüssige Energie loszuwerden. Eine einfache, aber effektive Methode, sich wieder besser zu fühlen!

Garten, Keller, Balkon, Terrasse

- Nun können immer noch Kaltkeimer ausgesät werden. Überprüfen Sie zudem die Blumenzwiebeln im Winterlager, und sortieren Sie faulige aus.
- Stehen Ihre Balkon- bzw. Terrassenmöbel immer noch draußen? Falls ja, sollten Sie sie jetzt endlich zum Überwintern im Haus verstauen.

Herausforderungen

- Falls Sie mehrere Dinge parallel erledigen müssen, dürfen Sie nicht in Panik geraten. Machen Sie zuerst das Wichtigste – dann wird es leichter.
- Sie haben für den Abend zwei Einladungen und selbst eigentlich was ganz anderes vor? Treffen Sie Ihre Wahl ausschließlich mit dem Bauch!

19
Sonntag

05.37

10.43

4. Advent

Elementegruppe: ***Wasser***
Besondere Nahrungsverträglichkeit: ***Kohlenhydrate***
Beeinflusster Pflanzenteil: ***Blatt***
Dominierte Körperregionen: ***Magen, Lunge, Galle, Leber***

Licht

In den Morgenstunden von 7.03 bis 9.03 Uhr bilden Mond und Jupiter ein Trigon: Da haben Sie den Willen, Ihre Sorgen einmal nicht so wichtig zu nehmen und verstärkt all das Positive in Ihrem Leben zu sehen. So können Sie auch wieder ganz neuen Mut schöpfen.

Krebs-Vollmond am 4. Adventssonntag: Die Wahrscheinlichkeit, dass Sie in dieser Nacht sehr intensive **Traumbilder** haben werden, ist ziemlich groß.

Das Bild ist ein ewiges Urbild,
ein Teil der unbekannten heiligen Welt.

Novalis

20
Montag

Mit den Kollegen verstehen Sie sich heute gut. Da kann nun anders über Themen gesprochen werden, bei denen es bisher keine **Einigung** gab.

In aller Ruhe etwas Leichtes, aber Feines in der **Küche** zu zaubern wird Ihnen an einem Krebstag viel Spaß bereiten und auch gut gelingen.

Sie hegen den einen oder anderen neuen **Wunsch**? Machen Sie den Partner nun damit vertraut. Der heutige Mondstand ist sehr günstig dafür.

Durchleben Sie den Abend nach Möglichkeit ohne jegliche Hektik. Reservieren Sie sich auch genug Zeit für eine **Meditation**.

Nehmen Sie vor dem Schlafengehen noch ein kurzes **Bad**. Bei dieser Mondkonstellation wirkt es sehr beruhigend und fördert dadurch die Nachtruhe.

21

Dienstag

22.55

Winteranfang

Elementegruppe: ***Wasser***
Besondere Nahrungsverträglichkeit: ***Kohlenhydrate***
Beeinflusster Pflanzenteil: ***Blatt***
Dominierte Körperregionen: ***Magen, Lunge, Galle, Leber***

Gefühlsleben
Falls Ihnen heute jemand seine Gefühle gesteht, Sie diese aber nicht erwidern, müssen Sie ihm das ganz ehrlich und zugleich taktvoll sagen.

Das Äußerste liegt der Leidenschaft zunächst.
Goethe

Mond und Ernährung
Wenn Sie sich besonders gesund und leicht ernähren wollen: Das Bekömmlichste an diesem Krebstag sind z. B. folgendes Obst und Gemüse:

Bananen tragen zur Heilung einer entzündeten Magenschleimhaut bei.
Mangos stärken die Magenschleimhaut.
Pflaumen optimieren den Kohlenhydratstoffwechsel.
Avocados vermehren die Magensäure.
Artischocken beugen Gallensteinen vor und schützen die Leber.
Blumenkohl hilft beim Aufbau einer üppigen Darmschleimhaut.
Feldsalat kräftigt die Magenschleimhaut.
Fenchel lindert Magen-Darm-Beschwerden.
Grünkohl stärkt die Magenschleimhaut.
Spinat schützt die Magenschleimhaut und stimuliert den Kohlenhydratstoffwechsel.

Garten, Haushalt, Job
- Obgleich Pflanzen im Winter weniger brauchen: Wenn es zurzeit frostfrei und trocken ist, sollten Sie Ihre immergrünen Nadelgehölze gießen.
- Der Mond nimmt ab. Von den vielen Haushaltstätigkeiten, die jetzt wieder günstig sind, ist heute das Reinigen der Fensterrahmen zu empfehlen.
- Sie möchten oder brauchen einen neuen Job? In dieser Mondphase fällt es einem bedeutend leichter, Bewerbungen zu schreiben.

22
Mittwoch

Elementegruppe: **Feuer**
Besondere Nahrungsverträglichkeit: ***Eiweiß***
Beeinflusster Pflanzenteil: ***Frucht***
Dominierte Körperregionen, -funktionen: ***Herz, Kreislauf, Blutdruck***

Die anregende Wirkung des Löwemonds

Intensive Leidenschaft, aber auch zärtliche Momente bestimmen heute Ihre Beziehung. Sie empfinden eine starke gegenseitige Anziehungskraft. Haben Sie vielleicht Lust auf ein Bad für zwei, das **Sinne und Sinnlichkeit** anregt? Je 10 Tropfen Geranium- und Kümmelöl, mit 2 EL Milch verrührt, ins Badewasser geben!

Garten und Forst

- Zeitpunkt, Mondphase und -stand sind gut geeignet, um wieder einmal mit dem Winterschnitt an den Kernobstbäumen fortzufahren.
- Was bei dieser Mondkonstellation besonders empfohlen werden kann, ist das Einschlagen von Brennholz, da es nun erfahrungsgemäß gut trocknet.

23
Donnerstag

! Lassen Sie die Zeit für sich arbeiten, wenn sich ein Kontakt, der für Sie wichtig ist, schwierig gestaltet. Versuchen Sie heute nicht, alles zu beschleunigen. Das würde nämlich den Eindruck erwecken, dass Sie etwas erzwingen möchten.

Alles im Griff behalten!

- Überlegen Sie in aller Ruhe, wie Sie demnächst Ihre Gegner von Ihren Anliegen und Vorschlägen am leichtesten überzeugen können.
- Heute besteht Eifersuchtsgefahr! Bleiben Sie erst mal ganz ruhig, wenn Sie einen Verdacht haben sollten. Das könnte auch alles nur am Löwemond liegen!

Genau abwägen!

Grundsätzlich sind Familienbesuche bei diesem Mondstand begünstigt. Im Fall von eher aggressiver Stimmung muss davon aber abgeraten werden!

24 Freitag

09.25

Heiligabend

Elementegruppe: Erde
Besondere Nahrungsverträglichkeit: Salz
Beeinflusster Pflanzenteil: Wurzel
Dominierte Körperfunktionen: Stoffwechsel, Verdauung

Für eine angenehme Atmosphäre sorgen
Ersparen Sie sich bei diesem Mondstand unnötigen Stress. Das gemütliche Feiern zu Hause würde Ihre Kräfte schonen und wäre somit optimal! Beobachten und Abwägen bestimmt diesen Jungfrautag. Und so denken Sie stets, dass die Aufrechterhaltung der Harmonie das Wichtigste ist.

25 Samstag

1. Weihnachtstag

Miteinander
Berufliches sollte heute wirklich kein Thema sein! Ihre dringendste Aufgabe im Moment ist es, sich genug um den Partner bzw. die Familie zu kümmern. Vielleicht haben Sie Lust, zum Fest ein paar Freunde zu treffen? Plaudern Sie mal bei einem guten Tropfen nur über die schönen Seiten des Lebens! Von 21.10 bis 23.10 Uhr (Mond-Merkur-Trigon) herrscht noch bei allen ein reges Interesse füreinander. Das bedingt grundsätzlich beste kommunikative Voraussetzungen für warmherzige und entspannte Gespräche.

26 Sonntag

17.25

2. Weihnachtstag

Sie wollen es heute vermeiden, dass auch nur kleinste Unstimmigkeiten allen die Laune verderben. Daher gehen Sie mit Kritik sehr vorsichtig um!

Es gibt keinen Weg zum Frieden. Der Friede ist der Weg.
Ovid

Wie wär's mit einem Ausflug in die winterliche Natur? Ob Schnee oder nicht, ob Sonne oder klirrende Kälte – bei diesem Mondstand genießen Sie's!

27 Montag

03.25

Elementegruppe: Luft
Besondere Nahrungsverträglichkeit: Fett
Beeinflusster Pflanzenteil: Blüte
Dominierte Körperregionen: Hüfte, Nieren, Blase

Gesundheit geht immer vor

- An Waagetagen, besonders in dieser Jahreszeit, zieht man sich leicht eine Blasenentzündung zu. Sie sollten sich nun vor allem warm kleiden!
- Bohnen, Chicorée, Rosenkohl sowie Tomaten regulieren u. a. den Wasserhaushalt und sind daher bei diesem Mondstand noch mal so gesund.
- Nicht vergessen: Nieren und Blase müssen jetzt gut durchgespült werden. Deshalb sollten Sie vor allem nachmittags reichlich trinken.

Vielleicht steht jetzt ja der **Winterschnitt** an: Diese Waagetage sind z. B. gute Termine für das Zurückschneiden von sommergrünen Hecken.
Nun sind **Streich- und Lackierarbeiten** im Haus günstig – auch weil das Lüften danach bei dieser Mondkonstellation umso wirkungsvoller ist.

28 Dienstag

22.17

Privat
Sie möchten nicht mehr darauf warten, dass der Partner den ersten Schritt macht, sondern selbst das Nötige tun? Das ist jetzt die richtige Einstellung.

Der Weg der Reflexion ist der Weg des Kompromisses.

Agustina Bessa-Luis

Beruflich
Einen wichtigen Geschäftskontakt zu lange vernachlässigt? Sie finden nun sicher eine Lösung, wie man ihn wieder reaktivieren kann. Überlegen Sie!

Zufriedenheit
Zwischen 22.12 und 0.12 Uhr bilden Mond und Jupiter ein Trigon. Beim Sinnieren über die Werte und Ziele in Ihrem Leben können Sie nun zur Erkenntnis gelangen, dass Sie Ihren Weg gefunden haben!

29
Mittwoch

Elementegruppe: **Wasser**
Besondere Nahrungsverträglichkeit: **Kohlenhydrate**
Beeinflusster Pflanzenteil: **Blatt**
Dominierte Körperregionen: **Sexualorgane, Harnleiter**

Was heute im Haus zu tun ist

- Nun hilft der Mond dabei, hartnäckige Möbelflecken zu beseitigen. Mischen Sie etwas Essig und Öl, dann erhalten Sie eine gute Möbelpolitur!
- Schauen Sie auch wieder einmal nach Ihren mehrjährigen Balkonpflanzen im Winterlager, ob ihr Platz hell genug und nicht zu feucht ist.

Neue Perspektiven

Haben Sie sich fürs nächste Jahr vorgenommen, mit Ihrer Zeit wirtschaftlicher umzugehen? Denken Sie heute mal konzentriert darüber nach. Da könnten Ihnen bezüglich der Umsetzung ein paar gute Ideen kommen!
Wenn der Mond in einem Wasserzeichen steht, ist man für alles Spirituelle sehr empfänglich. Nehmen Sie sich auch die Zeit für eine Meditation.

30
Donnerstag

Phantasie

Müssen Sie etwas planen? Machen Sie sich in der Zeit zwischen 8.53 und 10.53 Uhr darüber Gedanken, wenn Mond und Neptun ein Trigon bilden. Sie werden schnell eine genaue Vorstellung davon bekommen, wie alles aussehen könnte.

Plus und Minus

- Dieser Skorpiontag ist günstig für Nachforschungen und Umfragen aller Art. Aber auch Werbemaßnahmen sind besonders erfolgreich.
- Bei diesem Mondstand kann man sehr schnell eifersüchtig werden, obwohl es eigentlich gar keinen Grund gibt. Also Vorsicht!

Tipps Im beheizten Treibhaus kann man bereits Kopfsalat sowie Frühkohlsorten säen. Aber die jetzige Mondkonstellation ist sehr ungeeignet, um Kuchen zu backen. Er würde nicht gelingen, da der Teig zu feucht wäre.

31
Freitag

☾

00.09

Silvester

Elementegruppe: ***Feuer***
Besondere Nahrungsverträglichkeit: ***Eiweiß***
Beeinflusster Pflanzenteil: ***Frucht***
Dominierte Körperregionen: ***Oberschenkel, Venen***

In Bewegung bleiben
Mondphase und -stand sind günstig, um für den nötigen körperlichen Ausgleich zu sorgen – ob durch Sport, Gymnastik oder einen Spaziergang.

Sich um Versöhnung bemühen
Gibt es jemanden, mit dem Sie noch Frieden schließen sollten, bevor das neue Jahr beginnt? Versuchen Sie's, der Schützemond macht's leichter!

Nichts vernachlässigen
Lüften Sie bei dieser Mondkonstellation wieder mal alle Räumlichkeiten, in denen Gartenpflanzen überwintern oder Gemüse und Obst eingelagert sind.

Für Glanz sorgen
Falls Sie heute ein großes Fest geben, sollten Sie schon rechtzeitig das Wichtigste vorbereiten – z. B. die Sektgläser auf Hochglanz polieren.

Keine halben Sachen machen
Sie arbeiten noch am letzten Tag des Jahres? Dann bedenken Sie: Hektik bringt nichts, zumindest keine Qualität. Also wenn schon, dann mit Bedacht!

In Feierlaune sein
Ob Sie das alte Jahr in sehr privater Atmosphäre ausklingen lassen oder mit anderen ins neue Jahr hineinfeiern – Sie genießen in vollem Bewusstsein! So verschafft beispielsweise von 21.02 bis 23.02 Uhr der Schützemond einen kommunikativen Schub, und Mars sorgt für ausreichend Energie. Das trägt jedenfalls bedeutend zur passenden Stimmung bei, um das Jahr 2021 fröhlich zu verabschieden.

Die Ordnung der Welt
ist die Schönheit der Welt.
Simone Weil

Ganzjahresüberblick günstiger Tage

Die günstigsten Friseurtermine des Jahres

Bei der folgenden Aufstellung sind auch die Montage berücksichtigt, weil an diesen ehemals für die Zunft freien Tagen zunehmend gearbeitet wird. Was durchaus nicht zuletzt auf die Erfahrung des positiven Mondeinflusses zurückgeht!

- D = Dauerwelle legen lassen, für einen **schöneren und festeren Halt.**
- F = Färben bzw. Tönen der Haare, für **mehr Glanz.**
- K = Schneiden, das einen **kräftigeren Haarwuchs** nach sich zieht.
- S = Schneiden, das ein **schnelleres Nachwachsen der Haare** bedingt.

Januar	
02.01.	K
04.01.	D
14., 15., 23., 25.01.	F
28.01.	S
29.01.	K
30.01.	D

Februar	
01.02.	D
20.02.	F
25., 26.02.	S
27.02.	D

März	
19., 20.03.	F
24., 25.03.	S
26., 27.03.	D

April	
15.–17.04.	F
20.–22.04.	S
23., 24.04.	D
26.04.	F

Mai	
14.05.	F
18., 19.05.	S
20., 21.05.	D
22.05.	F

Juni	
14., 15.06.	S
16., 17.06.	D
18., 19.06.	F

Juli	
12.07.	S
13.–15.07.	D
16., 17.07.	F

August	
07.08.	K
09.08.	S
10., 11.08.	D
12., 13., 20., 21.08.	F

September	
04.09.	K
06., 07.09.	D
08., 09., 17., 18.09.	F

Oktober	
01., 02.10.	K
04., 05.10.	D
07., 14., 15.10.	F
28.–30.10.	K

November	
01.11. (nicht überall)	D
10., 11.11.	F
25., 26.11.	K
27.11.	D

Dezember	
08., 09., 17., 18.12.	F
22., 23.12.	K
24.12.	D

Die günstigsten Termine des Jahres Abnehmen oder Kuren

Beginnen Sie für ein effektiveres Abnehmen (A) mit der Essensreduzierung unmittelbar nach Vollmond oder bereits am Vollmondtag selbst. Da ist Ihr Körper gestärkt, der Verzicht fällt Ihnen leichter, und der Mond fördert den Abbau von Fett, Schlacken und Wasser. Dieser Effekt ist bis einschließlich Neumond zu spüren.

Wenn der Mond zunimmt, wird der Körper bei der Aufnahme von heilenden Wirkstoffen, aber auch bei der positiven Reaktion auf therapeutische Maßnahmen unterstützt. Jede Kur (K) wird nun noch bessere Ergebnisse erzielen. Bei Vollmond ist dann der Höhepunkt der Aufnahmefähigkeit erreicht.

Januar	01.01.–13.01.	A
	14.01.–28.01.	K
	29.01.–31.01.	A
Februar	01.02.–11.02.	A
	12.02.–27.02.	K
	28.02.	A
März	01.03.–13.03.	A
	14.03.–28.03.	K
	29.03.–31.03.	A
April	01.04.–12.04.	A
	13.04.–27.04.	K
	28.04.–30.04.	A
Mai	01.05.–11.05.	A
	12.05.–26.05.	K
	27.05.–31.05.	A
Juni	01.06.–10.06.	A
	11.06.–24.06.	K
	25.06.–30.06.	A

Juli	01.07.–10.07.	A
	11.07.–24.07.	K
	25.07.–31.07.	A
August	01.08.–08.08.	A
	09.08.–22.08.	K
	23.08.–31.08.	A
September	01.09.–07.09.	A
	08.09.–21.09.	K
	22.09.–30.09.	A
Oktober	01.10.–06.10.	A
	07.10.–20.10.	K
	21.10.–31.10.	A
November	01.11.–04.11.	A
	05.11.–19.11.	K
	20.11.–30.11.	A
Dezember	01.12.–04.12.	A
	05.12.–19.12.	K
	20.12.–31.12.	A

Ganzjahresüberblick günstiger Tage

Die günstigsten Banktermine des Jahres

Natürlich ist zuvor schon alles gut durchdacht und kalkuliert, sind erste Entscheidungen getroffen worden.
Wer aber an diesen Erdtagen bei zunehmendem Mond mit seinem Bankberater nach den stimmigsten Finanzlösungen sucht, wird sich auf das Thema noch intensiver konzentrieren und mit großer Sicherheit passende Angebote finden können.

Januar	**21., 22.01.**		
Februar	**17.–19.02.**		
März	**16.–18.03.**	**26.03.**	
April	**13., 14.04.**	**23.04.**	
Mai	**12.05.**	**20., 21.05.**	
Juni	**16., 17.06.**		
Juli	**13.–15.07.**	**22., 23.07.**	
August	**10., 11.08.**	**18., 19.08.**	
September	**15., 16.09.**		
Oktober	**12., 13.10.**		
November	**08., 09.11.**	**17.11. (nicht überall)**	**18.11.**
Dezember	**06., 07.12.**	**14.–16.12.**	

Die günstigsten Termine des Jahres zum Streichen, Malen und Lackieren

Bei Malerarbeiten an den folgenden Tagen des abnehmenden Mondes können Sie von zwei Wirkungen ausgehen:
Der Materialverbrauch wird geringer sein als sonst. Und die Farbe bzw. der Lack lässt sich leicht auftragen, die Übergänge sind sauber, und man kann mit langer Haltbarkeit rechnen.

Januar	**03.–06.01.** **10.–12.01.** **30., 31.01.**
Februar	**01.–03.02.** **06.–10.02.** **28.02.**
März	**01., 02.03.** **05.–11.03.** **15.–21.03.** **29.03.**
April	**01.–07.04.** **10., 11.04.** **29., 30.04.**
Mai	**01.–04.05.** **08.–10.05.** **27.–31.05.**
Juni	**04.–09.06.** **25.–28.06.**
Juli	**01.–08.07.** **25.07.** **28.–31.07.**
August	**01.–04.08.** **25.–31.08.**
September	**06.09.** **22.–28.09.**
Oktober	**03.–05.10.** **21.–25.10.** **31.10.**
November	**01.–03.11.** **20., 21.11.** **27.–30.11.**
Dezember	**01.12.** **24.–28.12.** **31.12.**

Special: Die Mondaspekte

In den Texten des kalendarischen Mittelteils werden oft die sogenannten Mondaspekte thematisiert. Aspekte sind die Winkel, in denen Sonne, Mond und Planeten, von der Erde aus gesehen, zueinander stehen.
Entscheidend dabei ist: Die verschiedenen Winkel haben eine stärkere oder schwächere Wirkung, einen günstigen oder ungünstigen Einfluss.
Die **Opposition** (180 Grad; zwei Gestirne stehen sich genau gegenüber) und das **Quadrat** (90 Grad) sind beispielsweise zwei ungünstige Aspekte, die immer erhebliche Spannungen erzeugen.
In diesem Buch sind ungünstige Aspekte (von denen an einem einzigen Tag auch mehrere gegeben sein können) aber nicht näher aufgeführt, sondern lediglich als problematisch (!) angezeigt. Nur die günstigsten Mondaspekte (Trigon, Sextil und Konjunktion) werden genau benannt.

Konjunktion

Die Konjunktion (0 Grad) gilt als wirksamster Aspekt: Zwei oder mehr Gestirne befinden sich in einer Linie.
Das ist eher günstig bei Mond und Sonne, Merkur, Venus, Jupiter; oft weniger günstig bei Mond und Mars, Saturn, Uranus, Pluto, Neptun.

Trigon

Das Trigon (120 Grad) ist traditionell der günstigste und vielversprechendste Aspekt. Mond und Sonne bzw. Planet wirken in diesem Fall sehr harmonisch zusammen. Man kann auch sagen, dass sie einander unterstützen.
Daraus resultieren dann schließlich viel Entspannung, Gleichgewicht sowie Ruhe und Seelenfrieden.

Sextil

Das Sextil (60 Grad), ein halbes Trigon, wirkt günstig, aber nicht so stark wie das Trigon.
Meist steht ein Zeichen zwischen Mond und Sonne bzw. Planeten, das ergänzend sein kann.

Der Planeteneinfluss

Astrologisch gesehen verkörpern die Planeten unterschiedliche psychische Inhalte wie zum Beispiel Optimismus, Ehrlichkeit oder Machtgier.
Welcher Art und wie intensiv genau sich nun der Einfluss eines Planeten auf den Charakter des Menschen auswirkt, hängt von der jeweiligen Aspektierung des Mondes zum betreffenden Planeten ab.
So betrachtet sind die Planeten im Horoskop quasi die Auslöser, und der Mond wirkt wie die Initialzündung dazu.

Sonne

Die Sonne ist Ausdruck des männlichen Prinzips – im Gegensatz zum Mond, der für das weibliche steht. Sie bedingt die verschiedenen Mondphasen und das persönliche Tierkreiszeichen eines Menschen. Die Sonne entspricht dem Ich, dem freien und glücksbetonten Lebensgefühl. Sie steht für die Vitalität, das Selbstvertrauen und alles Sonnenhafte, das in jedem Menschen zu finden ist.

Merkur

Merkur steht für das Denken und Handeln, die Flexibilität, Geschicklichkeit und Kommunikationsfähigkeit des Menschen. Merkur bestimmt aber auch, welchen Wissensdrang, welche Aufgeschlossenheit und Lernbereitschaft man entwickelt.

Venus

Venus verkörpert das weibliche Prinzip, symbolisiert den Wunsch nach Harmonie, Geselligkeit und Liebe. Ihr unterstehen ebenso der Sinn für alles Schöne, die Freude am Genuss und die Hingabe in der Liebe.

Mars

Mars gehört dem männlichen Prinzip an, verleiht einen starken Durchsetzungswillen sowie Mut, Energie, Angriffslust und die nötige körperliche Belastbarkeit.

Special: Mond und Planetenaspekte

Jupiter

Jupiter bewirkt Optimismus und Idealismus. Er wird daher auch als großes Glück bezeichnet. So ist Jupiter der Glücksstern, welcher auf Sinn und Chancen im Leben verweist. Zudem steht er für Wachstum, Reichtum, Gerechtigkeit.

Saturn

Saturn befähigt, das Leben zu ordnen und zu meistern: Die dafür nötigen Eigenschaften wie Realitäts- und Verantwortungsbewusstsein, Genauigkeit und Ausdauer werden ihm zugeschrieben. Er symbolisiert Disziplin und Klarheit, aber auch Begrenzung und Einsamkeit. Außerdem regt er die Menschen zur Selbstreflexion an.

Uranus

Uranus unterstützt die Intuition und Aufgeschlossenheit des Menschen. Er steht für Weisheit, Inspiration, Originalität sowie Exzentrizität. Er bringt aber auch Umschwung, plötzliche Veränderungen, Revolutionen und Unfälle. Der Planet vermittelt außerdem einen starken Drang nach Freiheit sowie das ständige Streben nach Erneuerung und Fortschritt.

Neptun

Der Planet Neptun entfesselt häufig unbewusste Seelenkräfte. Er macht empfänglich für unterschiedlichste Geheimnisse, Spirituelles, Träume, Menschheitsideale, aber leider auch für Täuschung und Selbsttäuschung. Er regt die Phantasie an (künstlerische Inspiration ist meist auf ihn zurückzuführen!) und verleiht mediale Fähigkeiten, macht allerdings oft weltfremd und unfähig, die Realität zu meistern.

Pluto

Das Plutoprinzip steht für das kollektive Unbewusste, jegliche Art von Massenentwicklung, Macht, totale Veränderung und Diktatur sowie für Chirurgie, Giftstoffe und Atomkraft. Pluto lenkt die Prozesse, die mit Vergehen und Werden zu tun haben, wirkt also zerstörerisch oder spendet Leben.

Special: Der Geburtsmond

Was das Mondhoroskop verrät

Im Geburtshoroskop eines Menschen, das viel Interessantes über dessen künftiges Leben vermittelt, gibt es mehrere Gesichtspunkte, durch deren Betrachtung der Astrologe seine Aussagen gewinnt.
Da ist zuerst das Sonnenzeichen, also das Tierkreiszeichen, in dem sich die Sonne zum Zeitpunkt der Geburt aufhält. Es beschreibt die Gesamtpersönlichkeit, so wie sie der Betreffende selbst sieht.
Dann ist der Aszendent von Bedeutung – das Zeichen des Tierkreises, das im Augenblick der Geburt gerade am östlichen Horizont aufgeht. Er vermittelt das Bild, das andere von diesem Menschen haben.
Auch die Konstellation der Planeten zu diesem Zeitpunkt muss berücksichtigt werden. Sie gibt Auskunft über Wünsche, Ziele und innere Beweggründe.
Und schließlich macht noch der Geburtsmond einige wesentliche Aussagen.

Die Bedeutung des Geburtsmondes

Der Geburtsmond – das Tierkreiszeichen, in dem der Mond zur Geburtsstunde eines Menschen steht – beschreibt den inneren Kern der Persönlichkeit. Er zeigt, wie dieser Mensch fühlt, seine Empfindungen äußert und aus diesem inneren Antrieb heraus handelt. Der Mondstand lässt überdies erkennen, wie der Betreffende auf andere Menschen reagiert.
Im Folgenden werden kurz die verschiedenen »Mondtypen« beschrieben. Dabei wird auf grundlegende Charakterzüge, zu erwartende Fähigkeiten und die Einstellung zu anderen Menschen eingegangen. Alle dabei genannten Gegebenheiten sind aber nur Tendenzen, Möglichkeiten, aus denen jeder das Beste machen kann und sollte!

Wie man seinen Geburtsmond findet

Im Internet gibt es verschiedene Foren, wo man sich kostenlos und schnell den Geburtsmond berechnen lassen kann – z.B. www.mondkraft.com.

Special: Der Geburtsmond

Wenn der Geburtsmond im Widder stand

\+ *Ideenreich, energisch, spontan*
– *Ungeduldig, unbeherrscht, rücksichtslos*

Spontaneität, impulsives Handeln und starke Energien sind die Grundcharakteristika der Menschen, deren Geburtsmond im Widder stand.

Widdermond-Geborene haben stets den Anspruch, anderen voranzugehen, sie zu führen. Ihnen kommt es darauf an, eigene Ideen und Meinungen durchzusetzen, frei und unabhängig zu sein – zuweilen auch ohne besondere Rücksichtnahme gegenüber den Mitmenschen.

Widdermond-Geborene sind immer auf der Suche nach neuen Erfahrungen. Sie brauchen das Gefühl, genügend Spielraum und Bewegungsfreiheit zu haben, um ihre Spontaneität und Dynamik sowie ihren Idealismus uneingeschränkt ausleben zu können. Selbst im alltäglichen Leben muss ihre lebhafte Phantasie ihren Ausdruck finden können. Die alltägliche Routine lehnen sie ab.

So positiv die Spontaneität des Widdermond-Geborenen ist, so negativ kann seine schnelle Erregbarkeit sein, die oft dazu neigt, Konflikte auf aggressive Weise anzugehen, ohne Kompromisse zuzulassen.

Der unter dem Widdermond Geborene strebt nach Anerkennung, will gefallen, will geliebt werden. Meist gelingt das, doch wenn er mit seinem Umfeld nicht klarkommt, wird er leicht gereizt und neigt zu emotionalen Ausbrüchen, die auch in eine Krise münden können. Dann stellt er seine Fähigkeiten infrage, fürchtet sich vor den eigenen Ideen, wird unkonzentriert und lustlos. Depressionen können entstehen, wenn die persönliche Freiheit der Widdermond-Geborenen eingeschränkt wird oder wenn sie ihre Vorstellungen nicht verwirklichen können. Um ein glückliches Leben in der Gemeinschaft zu führen, sollten sie lernen, auf andere Menschen einzugehen, Geduld und Rücksichtnahme zu üben, Kompromisse zu finden. Gleichzeitig sollten sie daran arbeiten, ihre Emotionen besser unter Kontrolle halten zu können.

Wenn der Geburtsmond im Stier stand

+ *Beständig, gesellig, zärtlich*
– *Unbeweglich, besitzorientiert, genusssüchtig*

Zufriedenheit, Herzlichkeit und zärtliche Sinnlichkeit sind die herausragenden Charaktereigenschaften der Menschen, deren Geburtsmond im Stier stand.
Stiermond-Geborene sind Genussmenschen, die sich im Kreis der Familie oder in einer Gruppe Gleichgesinnter geborgen und glücklich fühlen. Sie haben eine geradezu unstillbare Sehnsucht nach menschlicher Nähe, liebevoller Zuwendung und körperlichem Kontakt. Sie tun alles, um diese Nähe zu fördern und zu erhalten.
Spontaneität ist nicht die Sache des Stiermond-Geborenen. Eher bedächtig, langsam kommt er in Gang, entwickelt dann aber eine erstaunliche Kraft, um das zu erreichen, was er sich vorgenommen hat. Dabei ist sein Streben oft auf den Erwerb und auf die Bewahrung materieller Güter gerichtet – von ihnen erwartet er Sicherheit und Stabilität. Dadurch kann aber eine gewisse Abhängigkeit entstehen, woraus sich Tendenzen zu Habgier und Geiz entwickeln.
Das Bewahren- und Festhaltenwollen, das für Menschen, die unter dem Stiermond geboren wurden, so charakteristisch ist, macht einerseits ihre Stärke aus, die sie zu stabilen, verlässlichen und treuen Mitmenschen werden lässt. Andererseits kann ihre Unbeweglichkeit, das manchmal sture Festhalten an Gewohntem, das Stemmen gegen jegliche Veränderung auch zu einer Belastung für ihr Umfeld werden. Fühlen sie sich dann von den anderen unverstanden, ziehen sie sich gekränkt in ihr »Revier« zurück. Um in Harmonie mit ihrer Umwelt zu leben, sollten Stiermond-Geborene lernen, auch einmal loszulassen. Wenn es ihnen gelingt, scheinbar unveränderbare Gewohnheiten, Besitzstände und Beziehungen auch einmal prüfend zu hinterfragen, dann wird es ihnen leichter fallen, den Blick auf neue Möglichkeiten, Bedürfnisse und Fähigkeiten zu richten, die sowohl dem Selbstwertgefühl guttun als auch die Beziehungen zu anderen Menschen bereichern.

Special: Der Geburtsmond

Wenn der Geburtsmond in den Zwillingen stand

\+ *Einfühlsam, humorvoll, wissensdurstig*
– *Wankelmütig, oberflächlich, überheblich*

Humor, Unbekümmertheit und auch eine gewisse Unverbindlichkeit gehören zu den typischen Charaktereigenschaften der Menschen, deren Geburtsmond in den Zwillingen stand.
Ihre Fähigkeit, sich leicht zwischen Gefühl und Verstand zu bewegen, macht sie als Gesprächspartner und Kollegen sehr angenehm. Hervorzuheben ist auch ihre Einfühlsamkeit, die anderen Empathie und Verständnis signalisiert. Im geselligen Austausch können Zwillingemond-Geborene ihrem lebhaften Mitteilungsbedürfnis am besten nachgehen.
Einfühlsamkeit bedeutet jedoch nicht unbedingt Gefühlstiefe. Da ist es beim Zwillingemond-Geborenen eher so, dass er nur das als Gefühl zulässt, was er erkennen, analysieren und verstehen kann. Entsteht einmal ein Widerspruch zwischen dem, was er denkt, und dem, was er fühlt, wird er langsam unsicher; und das führt dazu, dass er im Zweifelsfall schließlich doch dem Verstand folgen wird.
Wissensdurst und Kommunikationsbedürfnis sind beim Zwillingemond-Geborenen auf geradezu ideale Weise verbunden. Wo immer Abwechslung angesagt ist, Bewegung, Geselligkeit und Aktion – er will dabei sein. Hat er keine Möglichkeit, zu reisen, Beziehungen zu knüpfen, Geschichten zu erzählen, Neues zu erforschen und davon zu berichten, verkümmert seine Lebensenergie. Um diesen Zustand zu verbergen, rettet er sich oft in intellektuelle Überheblichkeit, wird auch mal zynisch und nicht selten verletzend.
Aber nicht nur deshalb ist es für jemanden, der unter dem Zwillingemond geboren wurde, besonders wichtig, nicht nur zwischen Verstand und Gefühl hin und her zu pendeln, sondern beide Bereiche als Einheit zu akzeptieren und sich dazu zu bekennen. Dieses Zu-sich-selbst-Finden wird erleichtert, wenn es dem Zwillingemond-Geborenen hin und wieder gelingt, bewusst Pausen der Ruhe und der Besinnung einzulegen sowie Verbindlichkeiten einzugehen und auch einzuhalten.

Wenn der Geburtsmond im Krebs stand

+ *Gefühlvoll, hilfsbereit, kreativ*
– *Besitzergreifend, launisch, unselbstständig*

Fürsorglich, voller Sanftmut und mit großer Gefühlstiefe begegnen uns in der Regel die Menschen, bei deren Geburt der Mond im Krebs stand.
In ihrer Sicht der Welt wie in ihren Beziehungen zu anderen Menschen lassen sich die unter dem Krebsmond Geborenen zuallererst von ihren Emotionen lenken. Sie haben geradezu eine »Antenne« für die Probleme und Bedürfnisse anderer, und sie sind jederzeit bereit, ihre ganze Fürsorge in die Waagschale zu legen, um ihren Mitmenschen Hilfe, Schutz und Sicherheit zu geben. Ein solches Verhalten erscheint selbstlos, ist es aber nicht unbedingt. Krebsmond-Geborene verstehen es auf diese Weise, andere Menschen für sich zu gewinnen, zuweilen auch, um von ihnen Besitz zu ergreifen, sie von sich regelrecht abhängig zu machen.
Nicht selten verfügen Krebsmond-Geborene über eine ausgeprägte Begabung für kreative Tätigkeiten, vor allem im künstlerischen Bereich. Ihre lebhafte Phantasie befähigt sie dazu, ungewöhnlichen Ideen Gestalt zu verleihen. Allerdings sind ihre Ansichten oft sehr eigenwillig, und sie wirken bisweilen sehr launenhaft.
Weil der Krebsmond-Geborene seine Lebensziele stets nur in Verbindung mit anderen Menschen sucht, gerät er immer wieder in Konflikte, wenn seine Liebe und Fürsorge ignoriert oder sogar abgelehnt wird. Dann gewinnen Verlustängste und Selbstzweifel an Bedeutung, die nicht selten dazu führen, dass sich der auf diese Weise Verschmähte in eine Scheinwelt flüchtet, in der er sich als verlassenes Kind erlebt. Zweifellos besitzt der Krebsmond-Geborene die Fähigkeit, anderen Menschen von einer selbstbewussteren Position aus zu begegnen und seine Gefühle so auszudrücken, dass sie von anderen ohne den Eindruck, verpflichtet zu sein, erkannt und angenommen werden. Daher sollte er es lernen, mehr auf sich selbst zu vertrauen und Anerkennung nicht nur von anderen zu erwarten.

Special: Der Geburtsmond

Wenn der Geburtsmond im Löwen stand

\+ *Großzügig, optimistisch, beständig*
– *Überheblich, eitel, unbeherrscht*

Großmut, Lebensfreude und selten versiegender Optimismus sind die grundlegenden Charaktereigenschaften der unter dem Löwemond geborenen Menschen.
Es ist das offene Wesen, ihre herzliche Art und die Großzügigkeit, die Löwemond-Geborene in der Gemeinschaft so beliebt und gewinnend machen. Mit ihrer Fröhlichkeit und ihrem intelligenten Humor prägen sie die Atmosphäre und werden leicht zum Mittelpunkt einer Gruppe. Diese Rolle scheint den Löwemond-Geborenen auch angemessen, und sie sind bereit, darum zu kämpfen; so lassen sie nichts unversucht, um ihre Bedeutung herauszustreichen, ihre Unentbehrlichkeit unter Beweis zu stellen.
Man könnte denken, dass dahinter zuweilen ein übertriebenes Selbstwertgefühl steckt, das sich in den Vordergrund drängt. Bleiben ihnen aber Aufmerksamkeit, Anerkennung und Bewunderung versagt, leiden sie außerordentlich darunter. Das Gefühl, nicht geliebt zu werden, ist für sie fast unerträglich, und sie werden alles daran setzen, wieder die ihnen angemessen erscheinende Rolle spielen zu können.
Haben sie ihren Platz gefunden, sind Löwemond-Geborene von großer Beständigkeit. Abwechslung und ständige Veränderung bedeuten ihnen nicht viel, lieber halten sie an Gewohntem fest und genießen in Ruhe, was ihnen das Leben zu bieten hat. Aus der Ruhe bringt sie Kritik, auf die sie empfindlich und bisweilen auch aggressiv reagieren, selbst wenn sie konstruktiv ist. Zur Selbstkritik sind sie kaum in der Lage; fühlen sie sich unverstanden, suchen sie die Schuld vorzugsweise bei anderen und ziehen sich schmollend zurück. Um ihre so wertvollen und zugleich so widersprüchlichen Persönlichkeitseigenschaften positiv umsetzen zu können, sollten Löwemond-Geborene lernen, sich selbst nicht zu wichtig zu nehmen, und immer wieder versuchen, sich in die Gefühlswelt anderer Menschen hineinzuversetzen.

Wenn der Geburtsmond in der Jungfrau stand

\+ *Verständnisvoll, hilfsbereit, ordentlich*
– *Unbeweglich, ängstlich, verletzlich*

Sehr vernunftbetont, mit beherrschten Gefühlen, aber voller Verständnis und Fürsorge – so begegnen uns Menschen, die unter dem Einfluss des Jungfraumondes geboren sind.

Mit ihrer ruhigen, zurückhaltenden Wesensart bringen sie anderen Menschen viel Verständnis entgegen, sind fürsorglich und hilfsbereit. Dabei bleiben sie realistisch, immer auf dem sicheren Boden der Tatsachen und scheuen sich, ihre tiefen Empfindungen zu offenbaren. Große Gefühle, zu denen sie durchaus fähig sind, halten sie möglichst unter Kontrolle, um stets die Übersicht zu behalten und die Dinge einschätzen und ordnen zu können.

Nützlich zu sein ist den Jungfraumond-Geborenen ein Grundbedürfnis. Dabei konzentrieren sie sich auf das Praktische, das Machbare, das Überschaubare. Finden sie unter diesen Bedingungen eine Aufgabe, sind sie unermüdlich und lassen nicht locker, bis alles in Ordnung gebracht ist. Ihr Pflichtgefühl wird nur noch von ihrer Zuverlässigkeit übertroffen. Weniger erfolgreich sind sie, wenn es darum geht, sichere Positionen zu verlassen und mutig Neues zu wagen. In solchen Situationen hindert sie dann letztlich ihr Hang zum Perfektionismus und der Mangel an Spontaneität daran, sich auch einmal auf ein Risiko einzulassen.

So sehr ihre Fähigkeit geschätzt wird, den Dingen auf den Grund zu gehen und die Lage sachlich einzuschätzen, so wenig wird ihr zuweilen auftretender Hang zur Kleinlichkeit, zur Nörgelei und zum Pessimismus Begeisterung hervorrufen. Um sich mit ihren Stärken in ein sinnerfülltes Leben einzubringen, sollten Jungfraumond-Geborene versuchen, von Zeit zu Zeit aus den einengenden Strukturen ihres geordneten Daseins auszubrechen und dem Unerwarteten, der Veränderung Raum zu geben. Wenn sie es zulassen, den »wind of change« zu spüren, können sie neue Ufer erreichen und werden spüren, dass das Glück etwas ist, das man nur findet, wenn man auch danach sucht.

Special: Der Geburtsmond

Wenn der Geburtsmond in der Waage stand

\+ *Nach Harmonie suchend, kontaktfreudig, schöngeistig*
– *Empfindlich, weltfremd, konfliktscheu*

Der Wunsch nach Frieden und Harmonie in der Gemeinschaft mit anderen prägt die Grundcharaktereigenschaften der Menschen, deren Geburtsmond in der Waage stand.
Stets auf Ausgleich bedacht, bringen sich Waagemond-Geborene mit viel Charme in ihre Umwelt ein, immer bemüht, das Zusammengehörigkeitsgefühl zu stärken und Gegensätze zwischen den Mitmenschen abzubauen. Gelingt das, sind sie zufrieden, stoßen sie auf Widerstände, kann es geschehen, dass sie überkritisch oder sogar aggressiv reagieren und das Wirgefühl geradezu herbeizwingen wollen.
Hervorzuheben ist die Fähigkeit der Waagemond-Geborenen, die Dinge von verschiedenen Seiten zu betrachten, das Für und Wider sorgfältig abzuwägen und dann nach perfekten Lösungen zu suchen. Da dies nicht immer auf Anhieb gelingen kann, wird ihnen zuweilen eine gewisse Unentschlossenheit nachgesagt, was aber meist nicht den Kern ihres Wesens trifft. Es handelt sich eher um den Wunsch, immer den goldenen Mittelweg zu finden. Wichtig ist es für Waagemond-Geborene, dass sie das Gefühl vermittelt bekommen, geschätzt und anerkannt, ja bewundert zu werden. Dann scheuen sie keine Mühe, die ihnen entgegengebrachte Wertschätzung auch zu rechtfertigen.
In ihrem Bestreben nach Ausgleich und Harmonie stellen Waagemond-Geborene oft ihre eigenen Wünsche und Gefühle zurück, weichen notwendigen Konflikten aus und wollen die Realität manchmal nicht wahrhaben. Was und wie andere denken und fühlen, ist ihnen wichtiger, als ihre eigene Befindlichkeit auszuleben.
Um sich ständig wiederkehrende Enttäuschungen zu ersparen und der Suche nach dem Positiven einen realen Sinn zu geben, sollten sie bemüht sein, sich zwischenmenschlichen Konflikten zu stellen, der ungeschönten Wirklichkeit zu begegnen und ihren eigenen Standpunkt zu finden sowie gelegentlich auch gegen die Interessen anderer durchzusetzen.

Wenn der Geburtsmond im Skorpion stand

+ *Gefühlvoll, leidenschaftlich, beständig*
– *Verschlossen, ängstlich, starrsinnig*

Sehr tiefe, intensive und leidenschaftliche Gefühle kennzeichnen die Charaktereigenschaften eines Menschen, der unter dem Skorpionmond das Licht der Welt erblickte.
Weil sie selbst von Gefühlen beherrscht sind, haben Skorpionmond-Geborene die Gabe, hinter die Fassade ihrer Mitmenschen zu blicken und bis auf den Grund der Seele anderer Menschen schauen zu können – und zuweilen natürlich auch in deren Abgründe.
Diese Stärke kann auch eine Schwäche sein. Einerseits gibt ihnen diese Fähigkeit die Möglichkeit, den anderen in seinen Gefühlen zu bestärken oder ihn zu heilen, wenn dessen Gefühle verletzt wurden. Andererseits besteht durchaus die Gefahr, dass Skorpionmond-Geborene ihre intime Kenntnis dazu benutzen, die Gefühle der Mitmenschen zu manipulieren oder gar zu missbrauchen.
Der Skorpionmond-Geborene fühlt sich immer dann in seinem Element, wenn er sich mit seiner Tätigkeit, mit seinen Kollegen und auch mit seinen Vorgesetzten auf emotionaler Ebene auseinandersetzen kann. Rein sachliche, bloß geschäftsmäßige Beziehungen sind ihm eher fremd – und doch flüchtet er sich zuweilen in solche ungeliebten Beziehungen. Das geschieht immer dann, wenn er befürchten muss, seine eigenen Gefühle zu zeigen. Im Wissen um die Macht der Emotionen hat er Angst, sich auszuliefern, verwundet zu werden, die Distanz zu verlieren. Damit der Skorpionmond-Geborene mit seiner intensiven Gefühlswelt in der Wirklichkeit gut bestehen kann, ist es notwendig, dass er lernt, Vertrauen zu stiften und Vertrauen zu haben, sich auch einmal ganz auszuliefern und hinzugeben. Dann wird er beglückt erleben, dass Vertrauen Stärke bedeutet und nicht Hilflosigkeit.
Außerdem sollte er akzeptieren, dass auch negative Gefühle wie Neid und Hass zu ihm gehören, dass man allerdings lernen kann und muss, damit rational umzugehen.

Special: Der Geburtsmond

Wenn der Geburtsmond im Schützen stand

\+ *Aufgeschlossen, großzügig, tolerant*
– *Überheblich, ungeduldig, wirklichkeitsfremd*

Großer Enthusiasmus, überschwängliche Gefühle und Aufgeschlossenheit für alles Neue sind grundlegende Charaktermerkmale aller, deren Geburtsmond im Schützen stand.
Sie erscheinen als glückliche Menschen, die andere leicht gewinnen und für ihre Ziele begeistern können. Dazu trägt auch bei, dass sie tief im Innern von sich überzeugt sind und sehr selten an dieser Überzeugung Zweifel aufkommen lassen. Schützemond-Geborene lieben das Abenteuer, sie sind immer auf der Suche nach Neuem und Unbekanntem.
So sehr Schützemond-Geborene andere Menschen überzeugen und beeinflussen wollen, so vorsichtig sind sie doch, wenn es darum geht, sich festzulegen oder gar zu binden. Ihre Freiheit und Unabhängigkeit lassen sie sich nicht nehmen. Was Pläne und Projekte angeht, so sind bei deren Ausarbeitung Schützemond-Geborene kaum zu übertreffen. Wenn es aber an die Verwirklichung, um Problemlösungen, um konkrete Termine und Verpflichtungen geht, dann fällt es ihnen schon viel schwerer, Farbe zu bekennen.
Manchmal steckt unter der fröhlich-optimistischen Fassade des Schützemond-Geborenen allerdings ein Mensch, dessen Selbstwertgefühl nicht immer so groß ist, wie es nach außen hin scheint. Dann kommt es vor, dass er diese Unsicherheit überspielt, indem er seinem Gegenüber mit schwer zu ertragender Überheblichkeit entgegentritt. Es fällt anderen oft nicht leicht, dies richtig zu deuten, weil es kaum gelingt, die wirkliche Befindlichkeit eines Schützemond-Geborenen zu entdecken. So bleibt manchmal der Eindruck eines eher oberflächlichen, zu sehr von sich überzeugten Menschen, der mit dem Alltag nicht gut umgehen kann. Gefühle, auch negative, bei sich und anderen zuzulassen kann da eine wichtige Aufgabe für einen Schützemond-Geborenen sein, der an der Stabilisierung seiner Persönlichkeit arbeiten will. Dazu gehört auch das Bemühen, einmal Angefangenes zu beenden und selbstkritisch zu bewerten.

Wenn der Geburtsmond im Steinbock stand

+ *Ordentlich, ernsthaft, realistisch*
– *Verschlossen, misstrauisch, ängstlich*

Beständigkeit und große Ernsthaftigkeit sind die herausragenden Charaktereigenschaften der Menschen, deren Geburtsmond unter dem Einfluss des Steinbocks stand.
Sie wissen, was sie wollen, und sie gehen Schritt für Schritt vor, um es am Ende auch zu erreichen. Vernunft und Zielstrebigkeit, dazu Disziplin und Verantwortungsgefühl – das schätzt man an ihnen, und das setzen sie auch ein, um andere Menschen zu beeindrucken.
Es kann aber durchaus sein, dass dabei Romantik und Lebensfreude etwas zu kurz kommen, doch die Steinbockmond-Geborenen schätzen nun einmal das Reale über alles. Ihre tiefen Gefühle schützen sie meistens mit einem Panzer aus kühler Zurückhaltung, denn sie wissen sehr wohl, wie verletzlich ihre im Grunde sanfte und liebevolle Seele ist. Nur wer sich ihr Vertrauen – nach oftmals sehr, sehr langer Zeit – endgültig erworben hat, dem offenbaren sie auch ihre geheimen Wünsche und Sehnsüchte.
Innere Sicherheit findet der Steinbockmond-Geborene in geordneten Verhältnissen: Regeln, Rituale, feste Strukturen engen ihn nicht ein, sie geben ihm Halt. Nichts ist schlimmer für ihn als das Gefühl, nicht gebraucht zu werden. Hat er aber Verantwortung übernommen bzw. wurde sie ihm übertragen, dann geht er mit aller Konsequenz vor. Das bedeutet auch, dass er Macht, die er über andere Menschen hat, auch ausübt und manchmal auch ausnützt. Hat er erst einmal die Führung übernommen, fällt es ihm schon sehr schwer, sie wieder abzugeben.
Für einen Steinbockmond-Geborenen kann es hilfreich sein, den schönen Dingen des Lebens – der Kunst, dem Sport, der Spiritualität – mehr Aufmerksamkeit zu widmen. Das wäre nämlich ein sehr guter Weg, seine Emotionen leichter auszuleben und dadurch zu lernen, dass man sich seiner Gefühle nicht zu schämen braucht und dass man auf diese Weise einen Weg zu anderen Menschen findet.

Special: Der Geburtsmond

Wenn der Geburtsmond im Wassermann stand

\+ *Stolz, tolerant, verständnisvoll*
– *Unnahbar, launisch, überempfindlich*

Es ist nicht leicht, die Gefühlswelt und den Charakter der Wassermannmond-Geborenen auf einen Nenner zu bringen. Stolz, zuweilen unnahbar, verbergen sie ihre Gefühle und erwecken oft den Eindruck, an nichts und niemandem Anteil zu nehmen. Doch dieser Eindruck trügt meistens – oft verbirgt sich hinter der kühlen Maske ein verständnisvoller Mensch, der Verantwortung für sein Umfeld übernimmt.
Lebhafte Emotionen, gar Gefühlsausbrüche wird man bei Menschen, deren Geburtsmond im Wassermann stand, nur ganz selten erleben. Sie wirken nicht nur, nein, sie bleiben auch tatsächlich immer ein wenig auf Distanz, trennen konsequent Berufliches und Privates, meiden allzu große Nähe, auch bei Menschen, die ihnen vertraut sind.
In diesem Zusammenhang verwundert es auch nicht, dass Wassermannmond-Geborene nicht das Zentrum der Gruppe oder der Gesellschaft suchen, sondern stets einen Rückzugsraum im Auge haben, um sich von allzu viel Nähe zu erholen. Dass sie lieber ihren eigenen Weg gehen, als sich dem Mainstream anzuschließen, ist gewiss kein Fehler.
Originelle Ideen und eigenwillige Ansichten sind ihnen eher zu eigen als allgemeine und konventionelle Auffassungen. Wird diese Individualität von anderen anerkannt, geht es Wassermannmond-Geborenen gut, und sie werden sich umso stärker engagieren. Mit Kritik an ihren Ansichten und auch an ihrer Art, sich zu geben, können sie allerdings nur schwer umgehen. Wird diese Kritik zu massiv, dann kann es geschehen, dass sie sich wieder zurückziehen. Der Individualist wird dann zum Einzelgänger, seine Einmaligkeit kann in die Einsamkeit münden.
Damit Wassermannmond-Geborene ihre Lebensziele erfolgreich verwirklichen können, sollten sie lernen, eine ausgewogene Balance zwischen Distanz und Nähe zu finden. Das wird ihnen umso besser gelingen, wenn sie ihren Wünschen nach liebevoller Zuwendung und Intimität nachgeben.

Wenn der Geburtsmond in den Fischen stand

+ *Intuitiv, verständnisvoll, geduldig*
– *Angepasst, leicht zu beeinflussen, weltfremd*

Selbstlosigkeit, grenzenlose Hingabe und eine ausgeprägte Neigung zum Übersinnlichen prägen die Gefühlswelt der Menschen, deren Geburtsmond von dem Tierkreiszeichen Fische beeinflusst wurde.

Das Bedürfnis, für andere da zu sein, sie zu umsorgen, sie zu schützen, gehört für den Fischemond-Geborenen zu den wichtigsten Lebensmotiven. Das ist für ihn und den Umsorgten beglückend, birgt aber für den Fischemond-Geborenen die Gefahr, dass er sich einerseits bis zur Selbstaufgabe anpasst und andererseits den Einflüssen dessen, den er umsorgt, erliegt. Damit kann aber aktive Anteilnahme zum passiven Dulden werden, Selbstlosigkeit zur Selbstverleugnung führen.

Was sie geben, möchten sie auch empfangen – Fischemond-Geborene sehnen sich nach menschlicher Nähe, zärtlicher Liebe und sicherer Geborgenheit. Finden sie diese, erblühen sie mit der ganzen Fülle ihrer romantischen und uneigennützigen Gefühle. So verhalten sie sich auch in einer Partnerschaft voller Hingabe und haben oft die Sehnsucht, in dem geliebten Menschen aufzugehen, mit ihm zu verschmelzen. Für dieses Ziel opfern sie sich auf.

Müssen sie diese Gefühle aber unterdrücken, weil sie von Kälte und rationaler Geschäftigkeit umgeben sind, ziehen sie sich aus dieser Realität zurück – manchmal in eine eigene, kreative Welt, manchmal auch in Depressionen, die sich dann leider zur Krankheit auswachsen können.

Damit sie ihre wertvollen Fähigkeiten in erfüllender Weise einsetzen können, ist es für Fischemond-Geborene wichtig, sich immer wieder einmal auf sich selbst zu besinnen, ihre eigenen Wünsche und Bedürfnisse zu erspüren und zu befriedigen. Das verleiht nämlich die notwendige physische und emotionale Stärke, die sie brauchen, um anderen wirklich zu helfen. Gefragt sind auch Realitätssinn sowie die Anerkennung von eigenen Schwächen und Fehlern.

Monatsübersicht 2022

Januar

1	Sa	Neujahr	52. Woche
2	So		
3	Mo		1. Woche
4	Di		
5	Mi		
6	Do	Heilige Drei Könige	
7	Fr		
8	Sa		
9	So		
10	Mo		2. Woche
11	Di		
12	Mi		
13	Do		
14	Fr		
15	Sa		
16	So		
17	Mo		3. Woche
18	Di		
19	Mi		
20	Do		
21	Fr		
22	Sa		
23	So		
24	Mo		4. Woche
25	Di		
26	Mi		
27	Do		
28	Fr		
29	Sa		
30	So		
31	Mo		5. Woche

Februar

1	Di		
2	Mi	Mariä Lichtmess	
3	Do		
4	Fr		
5	Sa		
6	So		
7	Mo		6. Woche
8	Di		
9	Mi		
10	Do		
11	Fr		
12	Sa		
13	So		
14	Mo	Valentinstag	7. Woche
15	Di		
16	Mi		
17	Do		
18	Fr		
19	Sa		
20	So		
21	Mo		8. Woche
22	Di		
23	Mi		
24	Do		
25	Fr		
26	Sa		
27	So		
28	Mo	Rosenmontag	9. Woche

März

1	Di	Fastnacht	
2	Mi	Aschermittwoch	
3	Do		
4	Fr		
5	Sa		
6	So		
7	Mo		10. Woche
8	Di	Internationaler Frauentag	
9	Mi		
10	Do		
11	Fr		
12	Sa		
13	So		
14	Mo		11. Woche
15	Di		
16	Mi		
17	Do		
18	Fr		
19	Sa	Josefitag	
20	So	Frühlingsanfang	
21	Mo		12. Woche
22	Di		
23	Mi		
24	Do		
25	Fr		
26	Sa		
27	So	Beginn der Sommerzeit	
28	Mo		13. Woche
29	Di		
30	Mi		
31	Do		

April

1	Fr		
2	Sa		
3	So		
4	Mo		14. Woche
5	Di		
6	Mi		
7	Do		
8	Fr		
9	Sa		
10	So	Palmsonntag	
11	Mo		15. Woche
12	Di		
13	Mi		
14	Do	Gründonnerstag	
15	Fr	Karfreitag	
16	Sa		
17	So	Ostersonntag	
18	Mo	Ostermontag	16. Woche
19	Di		
20	Mi		
21	Do		
22	Fr		
23	Sa	Welttag des Buches	
24	So		
25	Mo		17. Woche
26	Di		
27	Mi		
28	Do		
29	Fr		
30	Sa	Walpurgisnacht	

Monatsübersicht 2022

Mai

1	So	Maifeiertag	
2	Mo		18. Woche
3	Di		
4	Mi		
5	Do		
6	Fr		
7	Sa		
8	So	Muttertag	
9	Mo	Europatag	19. Woche
10	Di		
11	Mi		
12	Do		
13	Fr		
14	Sa		
15	So		
16	Mo		20. Woche
17	Di		
18	Mi		
19	Do		
20	Fr		
21	Sa		
22	So		
23	Mo		21. Woche
24	Di		
25	Mi		
26	Do	Christi Himmelfahrt	
27	Fr		
28	Sa		
29	So		
30	Mo		22. Woche
31	Di		

Juni

1	Mi		
2	Do		
3	Fr		
4	Sa		
5	So	Pfingstsonntag Tag der Umwelt	
6	Mo	Pfingstmontag	23. Woche
7	Di		
8	Mi		
9	Do		
10	Fr		
11	Sa		
12	So		
13	Mo		24. Woche
14	Di		
15	Mi		
16	Do	Fronleichnam	
17	Fr		
18	Sa		
19	So		
20	Mo		25. Woche
21	Di	Sommeranfang	
22	Mi		
23	Do		
24	Fr	Johannistag	
25	Sa		
26	So		
27	Mo	Siebenschläfer	26. Woche
28	Di		
29	Mi		
30	Do		

Juli

1	Fr		
2	Sa		
3	So		
4	Mo		27. Woche
5	Di		
6	Mi		
7	Do		
8	Fr		
9	Sa		
10	So		
11	Mo		28. Woche
12	Di		
13	Mi		
14	Do		
15	Fr		
16	Sa		
17	So		
18	Mo		29. Woche
19	Di		
20	Mi		
21	Do		
22	Fr		
23	Sa		
24	So		
25	Mo		30. Woche
26	Di		
27	Mi		
28	Do		
29	Fr		
30	Sa		
31	So		

August

1	Mo	Nationalfeiertag der Schweiz	31. Woche
2	Di		
3	Mi		
4	Do		
5	Fr		
6	Sa		
7	So		
8	Mo		32. Woche
9	Di		
10	Mi		
11	Do		
12	Fr		
13	Sa		
14	So		
15	Mo	Mariä Himmelfahrt	33. Woche
16	Di		
17	Mi		
18	Do		
19	Fr		
20	Sa		
21	So		
22	Mo		34. Woche
23	Di		
24	Mi		
25	Do		
26	Fr		
27	Sa		
28	So		
29	Mo		35. Woche
30	Di		
31	Mi		

Monatsübersicht 2022

September

1	Do		
2	Fr		
3	Sa		
4	So		
5	Mo		36. Woche
6	Di		
7	Mi		
8	Do		
9	Fr		
10	Sa		
11	So		
12	Mo		37. Woche
13	Di		
14	Mi		
15	Do		
16	Fr		
17	Sa		
18	So	Eidgenössischer Bettag	
19	Mo		38. Woche
20	Di		
21	Mi		
22	Do		
23	Fr	Herbstanfang	
24	Sa		
25	So		
26	Mo		39. Woche
27	Di		
28	Mi		
29	Do		
30	Fr		

Oktober

1	Sa		
2	So	Erntedankfest	
3	Mo	Tag der Deutschen Einheit	40. Woche
4	Di	Welttierschutztag	
5	Mi		
6	Do		
7	Fr		
8	Sa		
9	So		
10	Mo		41. Woche
11	Di		
12	Mi		
13	Do		
14	Fr		
15	Sa		
16	So	Kirchweihfest	
17	Mo		42. Woche
18	Di		
19	Mi		
20	Do		
21	Fr		
22	Sa		
23	So		
24	Mo		43. Woche
25	Di		
26	Mi	Nationalfeiertag Österreichs	
27	Do		
28	Fr		
29	Sa		
30	So	Ende der Sommerzeit	
31	Mo	Reformationsfest Halloween	44. Woche

November

1	Di	Allerheiligen	
2	Mi	Allerseelen	
3	Do		
4	Fr		
5	Sa		
6	So		
7	Mo		45. Woche
8	Di		
9	Mi		
10	Do		
11	Fr	Martinstag	
12	Sa		
13	So	Volkstrauertag	
14	Mo		46. Woche
15	Di		
16	Mi	Buß- und Bettag	
17	Do		
18	Fr		
19	Sa		
20	So	Totensonntag	
21	Mo		47. Woche
22	Di		
23	Mi		
24	Do		
25	Fr		
26	Sa		
27	So	1. Advent	
28	Mo		48. Woche
29	Di		
30	Mi		

Dezember

1	Do		
2	Fr		
3	Sa		
4	So	2. Advent, Barbaratag	
5	Mo		49. Woche
6	Di	Nikolaustag	
7	Mi		
8	Do	Mariä Empfängnis	
9	Fr		
10	Sa		
11	So	3. Advent	
12	Mo		50. Woche
13	Di		
14	Mi		
15	Do		
16	Fr		
17	Sa		
18	So	4. Advent	
19	Mo		51. Woche
20	Di		
21	Mi	Winteranfang	
22	Do		
23	Fr		
24	Sa	Heiligabend	
25	So	1. Weihnachtstag	
26	Mo	2. Weihnachtstag	52. Woche
27	Di		
28	Mi		
29	Do		
30	Fr		
31	Sa	Silvester	

Tierkreiszeichen und Zuordnungen

Tierkreis-zeichen	auf-, ab-steigend	Element	Pflanzen-teil	Nahrung	Körperteil, -region, -funktion
	auf	Feuer	Frucht	Eiweiß	Kopf, Gesicht
	auf	Erde	Wurzel	Salz	Kiefer, Hals, Nacken
	ab	Luft	Blüte	Fett	Schultern, Arme, Hände
	ab	Wasser	Blatt	Kohlen-hydrate	Magen, Lunge, Galle, Leber
	ab	Feuer	Frucht	Eiweiß	Herz, Kreislauf, Blutdruck
	ab	Erde	Wurzel	Salz	Stoffwechsel, Verdauuung
	ab	Luft	Blüte	Fett	Hüfte, Nieren, Blase
	ab	Wasser	Blatt	Kohlen-hydrate	Sexualorgane, Harnleiter
	auf	Feuer	Frucht	Eiweiß	Oberschenkel, Venen
	auf	Erde	Wurzel	Salz	Knie, Haut, Knochen
	auf	Luft	Blüte	Fett	Unterschenkel, Venen
	auf	Wasser	Blatt	Kohlen-hydrate	Füße, Zehen

Notizen